コンパクト解説 会社法
1

株主総会

阿部・井窪・片山法律事務所【編】

商事法務

はしがき

　株主総会の実務は、かつては総会屋対策のために先人が知恵を絞ってきました。その工夫は現代の総会運営にも息づいています。しかし、総会屋と対峙する総会は過去のものとなり、現代の総会は、株主との対話の場になっています。機関投資家や一般株主に株式を継続保有してもらうために自社をアピールし、報告事項や決議事項をわかりやすく説明し、総会をいかに充実した株主との対話の場とするかが課題です。

　本書は、このような現代の総会の実務をコンパクトに解説したものです。

　総会は一定の「ルール・作法」の下で行われる「会議」です。総会担当者は、会社法や裁判例が示すルールや、実務慣行により培われた作法を身につけなければなりません。

　本書は、総会の経験が浅い担当者でも総会のルールや作法を効率よく押さえることができるよう、最初（第1編）に総会の基本や近時の動向を概説しました。総会に初めて携わる方は、この部分を読むことにより総会の全体像を鳥瞰することができます。経験者には、総会の骨格部分を復習する素材となります。

　その後ろ（第2編）には、総会の実務上のポイントを掘り下げたQ&Aを置きました。担当者にとって具体的な指針となるよう、事前準備段階での工夫例や総会当日の議長の発言例などを数多く盛り込みました。また、総会当日にも携行できるものとすべく、実務的に必要十分な程度に簡潔な内容をめざしました。Q&Aはどこから読み始めてもよいように記述しました。

　会社法はさまざまな機関設計を認めていますが、本書は、コンパクトに解説するため、上場会社の定時総会、すなわち、①有価証券報告書の提出義務のある、②会計監査人を設置した、③取締役会設置会社の定時総会を想定しています。定款は上場会社で一般的に採用されている内容を想定しています。また上場会社の多数が監査役会設置会社であることから、主として監査役会設置会社を想定し、監査等委員会設置会社や指名委員会等設置会社において監査役会設置会社と取扱いが異なるときは、その旨を記載しています。なお、本書は学術的な解説書ではないので、文献の引用は最小限にしています。

　読者の皆さまにとって、担当される総会が実り多きものとなり、本書がその一助となれば大変嬉しく思います。

本書の出版に当たっては、企画段階から校正に至るまで、株式会社商事法務の岩佐智樹氏および水石曜一郎氏にご尽力いただきました。この場を借りて厚く御礼申し上げます。

平成 28 年 1 月

弁護士　**飯田　岳**　　弁護士　**本多広和**

弁護士　**原田崇史**　　弁護士　**須崎利泰**

目 次

第 1 編　株主総会の基本

第 1 章　株主総会とは何か

1　株主総会は何をするところか ………………………………………… 2

2　定時株主総会と臨時株主総会 ………………………………………… 4

3　集中日 …………………………………………………………………… 5

4　総会の目的 ……………………………………………………………… 6

第 2 章　株主総会のスケジュール

1　会場選定 ………………………………………………………………… 8

2　事業報告・計算書類の作成・監査・承認 …………………………… 8

3　議案についての株主総会参考書類の作成 …………………………… 10

4　取締役会による招集決定・招集通知の発送・招集通知の修正 …… 10

5　想定問答集の作成・改定 ……………………………………………… 12

6　リハーサル・役員勉強会 ……………………………………………… 13

7　議決権の事前行使の集計 ……………………………………………… 14

8　総会本番 ………………………………………………………………… 15

9　総会後 …………………………………………………………………… 15

10　特殊事象のある総会 …………………………………………………… 16

第 3 章　総会のシナリオ

1　総会の本質 ……………………………………………………………… 19

2　個別上程方式と一括上程方式 ………………………………………… 20

3　シナリオの全体構成 …………………………………………………… 22

4　説明段階 ………………………………………………………………… 23

5　審議段階 ………………………………………………………………… 24

6　採決段階 ………………………………………………………………… 27

iv　目　次

第4章　議長の権限

1　秩序維持権・議事整理権 ……………………………………………… 34

2　退場命令 ……………………………………………………………… 36

第5章　受付・事務局・会場係

1　受付 …………………………………………………………………… 37

2　事務局 ………………………………………………………………… 39

3　会場係 ………………………………………………………………… 39

第6章　総会と裁判

1　決議取消訴訟 ………………………………………………………… 41

2　決議無効確認訴訟、決議不存在確認訴訟 ………………………… 42

3　株主総会開催禁止仮処分、議決権行使禁止仮処分 ……………… 43

4　利益供与等 …………………………………………………………… 43

第7章　近時の動向

1　コーポレートガバナンス・コード ………………………………… 44

2　会社法改正 …………………………………………………………… 46

3　機関投資家・議決権行使助言会社 ………………………………… 48

4　一般株主の増加、質問の増加 ……………………………………… 49

5　監査等委員会設置会社への移行 …………………………………… 49

6　買収防衛策 …………………………………………………………… 50

第2編　株主総会の実務 Q&A

第1章　総会準備の実務

1　総会の決議事項・報告事項 ………………………………………… 52

　　Q1　総会の決議の種類と上場会社における総会の決議事項 …… 52

　　Q2　定時総会での報告事項 ………………………………………… 55

2　スケジュール ………………………………………………………… 57

	Q3　スケジュール ……………………………………………………	57
③	前年の総会の振返り ……………………………………………………	61
	Q4　総会の振返り …………………………………………………………	61
④	招集の決定と招集通知の作成 …………………………………………	62
	Q5　招集に当たり決定すべき事項 ………………………………………	62
	Q6　招集通知の作成 ………………………………………………………	65
	Q7　WEB開示 ……………………………………………………………	67
	Q8　招集通知の修正 ………………………………………………………	72
	Q9　招集通知発送後の総会の中止、延期 ……………………………	74
	Q10　議題の撤回、議案の変更 …………………………………………	75
	Q11　招集通知のWEB公表 ………………………………………………	76
	Q12　近時の招集通知の工夫例 …………………………………………	77
⑤	株主提案／委任状勧誘 …………………………………………………	78
	Q13　株主提案権 …………………………………………………………	78
	Q14　濫用的株主提案 ……………………………………………………	80
	Q15　委任状、議決権行使書、職務代行通知書 ………………………	81
	Q16　委任状勧誘と委任状勧誘規制 ……………………………………	82
	Q17　包括委任状 …………………………………………………………	83
	Q18　株主名簿・会計帳簿の閲覧謄写請求への対応 …………………	85
⑥	事前質問 …………………………………………………………………	86
	Q19　事前質問への対処法 ………………………………………………	86
⑦	議事シナリオ／想定問答集／リハーサル ……………………………	87
	Q20　シナリオを作成する上での工夫 …………………………………	87
	Q21　株主の関心を引く事項が総会直前に生じた場合のシナリオ …	88
	Q22　災害時用のシナリオ ………………………………………………	89
	Q23　想定問答集を作成する際の留意点 ………………………………	90
	Q24　リハーサルでの確認ポイント ……………………………………	91
	Q25　総会前の役員の準備 ………………………………………………	94
⑧	株主判明調査・議決権行使助言会社 …………………………………	96
	Q26　株主判明調査 ………………………………………………………	96
	Q27　議決権行使助言会社 ………………………………………………	96
⑨	議決権の事前行使（書面投票、電子投票） …………………………	98
	Q28　議決権の事前行使 …………………………………………………	98
	Q29　議決権行使書の再発行、手製の議決権行使書の取扱い ………	98
	Q30　期限後に行使された書面投票、電子投票の取扱い ……………	99

vi 目 次

Q31 書面投票と電子投票の重複行使、当日出席した株主の書面投票や電子投票
の取扱い ……………………………………………………………………………… 99
Q32 議決権電子行使プラットフォーム ……………………………………………… 100

第2章 総会当日の実務

1 会場設営 …………………………………………………………………………………… 102
Q33 総会の開催場所、変更の可否 …………………………………………………… 102
Q34 会場選定の際の留意事項 ………………………………………………………… 103
Q35 第二会場を設ける場合の留意事項 ……………………………………………… 104
Q36 当日の警備対策、安全対策 ……………………………………………………… 105
Q37 議長と事務局の連携の方法 ……………………………………………………… 106
Q38 事務局の手元資料 ………………………………………………………………… 108
Q39 議長・役員の手元資料 …………………………………………………………… 109
Q40 総会のビデオ撮影の可否・留意点 ……………………………………………… 109
Q41 総会のマスコミへの公開の許否・留意点 ……………………………………… 110
Q42 会場係の役割 ……………………………………………………………………… 111
Q43 質疑応答時の議長と会場係との連携 …………………………………………… 112
Q44 スタンドマイクかハンドマイクか ……………………………………………… 112
Q45 役員の服装（クールビズ、社章など）………………………………………… 113

2 受付 ……………………………………………………………………………………… 114
Q46 株主資格の確認方法 ……………………………………………………………… 114
Q47 代理人資格の確認方法 …………………………………………………………… 115
Q48 実質株主の出席要求への対応 …………………………………………………… 116
Q49 株主以外の者の入場・同伴・傍聴の可否 ……………………………………… 117
Q50 途中の入退場・再入場に関する取扱い ………………………………………… 118
Q51 所持品検査の可否 ………………………………………………………………… 119
Q52 レコーダー・カメラの持込みへの対応 ………………………………………… 120
Q53 傘、コート、鞄など手荷物預かりの対応 ……………………………………… 120
Q54 お土産の要否、渡すタイミング ………………………………………………… 121

3 議事進行 …………………………………………………………………………………… 122
Q55 開始時刻の変更の可否 …………………………………………………………… 122
Q56 社員株主の優先入場・前方への着席・与党的発言 …………………………… 123
Q57 大株主の着席場所を確保する方法 ……………………………………………… 124
Q58 不規則発言、秩序を乱す行為への対応 ………………………………………… 124
Q59 株主が入場しきれない場合の対応 ……………………………………………… 125

Q60	取締役・監査役が欠席する場合	125
Q61	取締役・監査役候補者の出席の要否	126
Q62	議長のシナリオの読み方	126
Q63	ビデオやスライドを用いた報告	127
Q64	議長が事務局と協議する場合	128
Q65	質問者の決定方法、人数・質問数等の制限の可否	128
Q66	株主にわかりやすい指名の仕方	129
Q67	発言株主から氏名を述べることを拒否された場合	129
Q68	株主から質問がなされたときの議長の発言	130
Q69	1度に多数の質問がなされたとき	130
Q70	同じ株主からの関連質問への対応	132
Q71	内容の重複した質問への対応	132
Q72	「後で回答する」との回答の是非	133
Q73	英語など外国語での株主発言	133
Q74	長時間にわたる質問の打切りのタイミング	134
Q75	議長の欠席、途中交替の方法	135
Q76	休憩、延期、続行	135
Q77	役員のトイレ離席	136
Q78	回答しない役員の態度	137
Q79	退場命令の出し方、留意点	137
Q80	臨場する警察官の位置づけ	139

4　説明義務 139

Q81	説明義務を負う者	139
Q82	説明義務の範囲・程度（一般論）	140
Q83	説明義務の範囲（監査役、監査等委員会設置会社、指名委員会等設置会社）	142
Q84	説明義務違反の効果	144
Q85	説明をするか否かの判断	144
Q86	説明を拒否できる事項	145
Q87	説明してはならない事項	147
Q88	質問に対する回答者（誰が回答すべきか、議長による答弁担当役員の指名）	147
Q89	役員でない者による回答の可否	148
Q90	株主が回答者に議長を指名した場合	149
Q91	株主が回答者に特定の社外取締役を指名した場合	150
Q92	株主が監査役・監査役会に対する質問をした場合	150

viii 目 次

Q93 委員会に対する質問（監査等委員会設置会社・指名委員会等設置会社）
　　　　　　　　　　　　　　　　　　　　　　　　　　　　　　　　 153

Q94 役員候補者に対する質問 ……………………………………………… 154

Q95 議長が担当外の役員を指名してしまったとき、答弁担当役員の回答が不十
　　分だったときの事後対応 ……………………………………………… 154

Q96 別の株主との質疑応答に移った後に回答漏れ・回答間違いに気づいた場合
　　　　　　　　　　　　　　　　　　　　　　　　　　　　　　　　 155

Q97 株主の質問・発言の趣旨が不明な場合 …………………………… 156

Q98 事前質問をした株主が欠席した場合の対応 …………………………… 157

Q99 回答しても株主が納得しない場合 ……………………………………… 157

Q100 後発事象で事業報告等に記載のない事項についての質問 …………… 158

Q101 商品・製品クレーム、サービス内容についての不満を持つ株主からの質
　　　問 …………………………………………………………………… 158

Q102 労使関係、取引等に関する不満を持つ株主からの質問 …………… 159

Q103 実際に株主から出される質問事項 …………………………………… 160

Q104 説明の程度・留意点 …………………………………………………… 160

Q105 質問ではない意見・要望への対応 …………………………………… 170

Q106 将来の事項について約束を求める発言に対する対応 ……………… 171

Q107 総会屋から質問があったときの対応 ………………………………… 171

5 動議 …………………………………………………………………………… 172

Q108 動議か意見か不明な場合 ……………………………………………… 172

Q109 手続的動議への対応 …………………………………………………… 173

Q110 議案修正動議への対応 ………………………………………………… 177

6 採決 …………………………………………………………………………… 185

Q111 質疑打切りのタイミング・方法 ……………………………………… 185

Q112 採決の方法 ……………………………………………………………… 189

Q113 役員の有する株式についての議決権 ………………………………… 191

Q114 総会前に議案の可決・否決の見通しが確定しない場合の採決方法 … 192

Q115 採決後の留意点 ………………………………………………………… 194

Q116 特別利害関係人の議決権 ……………………………………………… 194

7 株主提案 ……………………………………………………………………… 195

Q117 株主提案議案についての株主による議案説明 ……………………… 195

Q118 株主提案議案についての質問 ………………………………………… 197

Q119 株主提案議案の採決 …………………………………………………… 198

Q120 株主提案議案に対する動議 …………………………………………… 198

Q121　株主提案の撤回 …………………………………………………… 200

⑧　総会終了後 ……………………………………………………………… 200

Q122　総会終了後に行うべき事項 ………………………………… 200

Q123　議事録の作成時期、作成者、記載事項 ……………………… 203

Q124　株主懇談会 …………………………………………………… 204

編者・著者紹介 …………………………………………………………… 207

x 凡 例

凡 例

1 法令の略称 （ ）はかっこの中で用いる場合

法	会社法
施行規則（施）	会社法施行規則
計算規則（計）	会社計算規則
金商法	金融商品取引法
金商法施行令	金融商品取引法施行令
勧誘府令	上場株式の議決権の代理行使の勧誘に関する内閣府令
開示府令	企業内容等の開示に関する内閣府令
振替法	社債、株式等の振替に関する法律
振替令	社債、株式等の振替に関する法律施行令

2 判例誌の略称

民集	最高裁判所民事判例集
下民集	下級裁判所民事裁判例集
判時	判例時報
判タ	判例タイムズ
金法	金融法務事情
金判	金融・商事判例

3 文献の略称

白書 2015 年版	株主総会白書 2015 年版（商事法務臨時増刊 2085 号（2015 年））
白書 2014 年版	株主総会白書 2014 年版（商事法務臨時増刊 2051 号（2014 年））

第1編

株主総会の基本

第1章　株主総会とは何か

　総会の実務を理解する出発点は、そもそも株主総会とは何か、何をするところか、その目的は何かを押さえることです。

1　株主総会は何をするところか

Ⅰ　会社の所有者が会社の重要事項を決める

　株式会社は、多数の株主が集まって資金を拠出し、経営によって利益を上げてこれを増やし、株主に還元するための仕組みです。この意味で、株主は会社の実質的な所有者であり、会社の経営に対して強い利害関係を有しています。

　しかし、多数の株主が集まって、会社の具体的な経営を行うことは、およそ現実的ではありません。株主の多くは、そのような意思も能力もありませんし、常時経営に携わることができるわけでもありませんから、会社の具体的な経営を行うことが適切ともいえません。そのようなことをしても、経営の機動性が損なわれるだけで、結局は株主全体のためになりません。

　そこで、会社法は、会社の普段の経営を取締役に任せることとし、株主は会社の重要事項のみを決めればよい仕組みとしました。

　この重要事項を決める場が、株主総会です。

　このことから、総会の決議事項は、会社の重要事項、具体的には、「法律」および「定款」に規定する事項に限られています（法295条2項）。何でも決められる場ではないということです。

Ⅱ　法律上の総会決議事項

　法律が規定する総会決議事項は、会社法の条文に1つひとつ定められていますが、次の5つに分類できます。

　第1は、会社の機関（取締役や監査役等）の選任・解任に関する事項です。会社の実質的な所有者である株主が、会社の経営とその監視監督を委ねる相手

を自ら選ぶ趣旨です。

　第2は、会社の基礎に根本的な変動を生じる事項です。定款の変更、合併、会社分割、株式交換、株式移転、事業譲渡等がこれに当たります。会社の基礎が変動することによって、株主が会社に出資する前提が変わりうるため、取締役に全面的に委ねず、株主自身の決定事項とされているものです。

　第3は、株主の重要な利益に関する事項です。剰余金の配当、特に有利な価格による株式の発行、会社の解散等がこれに当たります。株主の重要な利益に関する事項は、株主自身が決めるべきとの理由によります。ただし、剰余金の配当については、定款で取締役会決議事項としている会社もあります。

　第4は、計算書類の承認に関する事項です。計算書類が確定することによって剰余金の配当可能額が定まるため、株主の利害に影響を及ぼす重要事項と考えられたことによります。もっとも、上場会社のような大きな企業の計算は複雑化しており、株主自身がその是非を判断することは現実的には難しい面があります。そこで昭和56年の商法改正で、会計監査人と監査役の双方が問題点を指摘していないなど一定の要件を充たす場合には、取締役が計算書類の内容を総会で報告すれば足り、株主の承認を要しないこととなりました（法439条、計135条）。このため現在では、通常の上場会社の実務では、計算書類は決議事項ではなく報告事項となっています。

　第5は、選任した取締役等と会社の間で利益相反のある事項です。役員の報酬の決定等がこれに当たります。

　以上が法律に規定された総会決議事項です（Q1）。

Ⅲ　定款上の総会決議事項

　定款に総会の決議事項を規定する例としては、買収防衛策の発動を総会決議事項とする場合があります。ただし、上場会社全体で見れば、定款で総会決議事項を定めている例は少ないといえます。

Ⅳ　決議の種類と議決権

　総会の決議事項は、議案の内容に応じて定足数と可決の要件が決まっています。上場会社の場合は普通決議と特別決議があります（Q1）。

　①　普通決議

　　出席者の議決権（書面投票や電子投票による議決権を含みます）の過半数の賛成によって可決となる決議です。定足数（議案の採決を行うために必要な

数）については、定款に定めを設けて、役員の選解任議案については総議決権数の3分の1、それ以外の議案については定足数を排除する会社が多数です。

② 特別決議

定款変更や組織再編などの重要な事項について決議する場合で、出席者の議決権（書面投票や電子投票による議決権を含みます）の3分の2以上の賛成によって可決となる決議です。定足数については、定款で総議決権数の3分の1としている会社が多数です。

株主は、1単元につき1議決権を有しています（法308条1項）。かつて上場会社の単元株式数はまちまちでしたが、東証が売買単位の集約を進めた結果、平成26年3月以降は100株または1000株のいずれかとなっており、平成30年10月までに100株に統一される見通しです。

ただし、次の株式には、議決権が認められません。これらの株式に議決権が認められると、会社支配の公正を害するためです。

① 自己株式（法308条2項）

② ある会社Aが別の会社Bから総議決権数の4分の1以上を持たれている場合における、Aが保有するBの株式（法308条1項、施67条。相互保有株式と呼びます）

議決権が認められない株式の数は、議案の定足数を判定する分母にも、賛成割合を判定するための分母にも算入しません。

② 定時株主総会と臨時株主総会

Ⅰ 定時総会

毎事業年度の終了後一定の時期に招集される株主総会を、定時株主総会（定時総会）といいます。定時総会では、会社の重要事項について決議するのみならず、株主が取締役から事業や決算（連結計算書類・計算書類）の報告を受けます（**Q2**）。つまり定時総会の目的事項は、①報告事項の報告と②決議事項（議案）の決議の2つです。

3月決算の会社では、毎年6月の中下旬に定時総会が開かれています。

定時総会の開催日が、決算のおおむね3か月弱後とされているのは、基準日制度と監査に要する時間との兼ね合いがあるためです。

ほとんどの上場会社は、「事業年度末日時点の株主名簿に記載された株主を

もって、その事業年度に関する定時総会において権利を行使できる株主とする」旨の定款規定を設けています。定時総会の議決権の基準日を、事業年度末日としているのです。そして、会社法によれば、議決権行使の日は基準日より3か月以内の日でなければならないとされています（法124条2項）。このため、事業年度末日から3か月以内が総会のリミットとなります。

他方で、事業年度末日から連結計算書類・計算書類の監査完了までは、通常1か月以上を要し、その後に招集通知の印刷準備に入ります。そのため、あまり早く総会を開催することもできません。

この結果、事業年度末日から2か月半～3か月の間に総会が集中することになります。

Ⅱ　臨時総会

定時総会以外の株主総会を、臨時株主総会（臨時総会）といいます。臨時総会は、定時総会以外の機会に、報告事項や決議事項が生じた場合に開催されます。上場会社では、定時総会以外のタイミングで役員の交代をする必要が生じた場合や合併などの組織再編を行うことになった場合に開催されるのが代表例です。また、不祥事などによって定時総会では必要な報告や決議を行えなかった場合にも開催されています。

３　集中日

定時総会の開催社数がピークを迎える日を集中日と呼びます。6月の集中日は次の2点から決まるとされています。
① 　6月の最終営業日の1日前の日
② 　①の日が月曜日であるときは前週の金曜日
上場会社は、事業年度末日から3か月以内に有価証券報告書を提出する必要があり、これを総会後に提出するのが実務慣行です。①は、総会が紛糾する場合に備えて、1日の余裕を見たものです。また、②は、会場の準備や議決権行使書の最終集計作業が日曜日になるのを避ける趣旨です。

集中日に総会を開催する会社は、平成7年頃は95％を超えていました。同じ日に開催することで、総会屋に出席される可能性を減らす意図がありました。しかし、総会屋の減少とともに集中率は年々減少し、近時は4割程度となっています。集中日に総会を開催することは株主の満足度を下げる要因になると

して、集中日を避けようという会社も増えています。白書 2015 年版によれば、総会開催日について、「集中日をできるだけ避けるようにしている」と回答した会社は 35.6%であり、資本金 1000 億円超の会社に限ると 58.0%となっています。

④ 総会の目的

　会社側から見た場合、総会の目的は、次の 3 点に集約することができます。

　第 1 に、議案の可決を得ることです。このためには、議長が動議をうまくさばくこと、十分な審議時間をとった上で採決のタイミングを間違えずに議場に議案の賛否を諮ることが必要です（Q108〜111）。

　第 2 に、適法に開催することです。総会の手続に違法があると、決議取消し（法 831 条）の原因となり、最悪の場合には、可決した議案の効力が遡って否定されてしまいます。ポイントは、総会の招集を決定する取締役会の際に必要十分な事項を取り決めること、招集通知に記載漏れをしないこと、総会当日の受付対応を誤らないこと、答弁する役員が総会の目的事項について説明義務を果たすことです（Q5〜7、Q46〜50、Q81〜107）。

　それに加えて、第 3 に、近時では株主から出資継続の判断を得ることも重要な目的と認識されています。総会は、株主が経営陣の声を直接聞くことのできる年 1 回の場ですから、経営陣がその場で会社のよさをアピールすることにより、株主の出資継続の判断（株式の継続保有）につなげようという発想です。IR と同じ観点といえます。ポイントは、株主からの質問に十分な時間を割いて回答すること、質問に対して正面から回答すること、紋切り型の答弁やすれ違いの答弁に終始しないこと、一般株主であっても不規則発言をする者や審議の充実を乱そうとする者に対しては議長が毅然と対応することです。要は、いかに総会を「充実した対話の場」とするかが重要です。

　総会屋の時代が終わってから、さかんに「開かれた総会」の必要性が説かれるようになりました。一般株主の来場を歓迎し、株主の質問になるべく丁寧に答えようというものです。この方向性は、本来の総会のあり方に近づくもので、適切なものといえます。

　しかし、最近では、株主の質問に丁寧に答えようとするあまり、総会の目的事項と関係のない質問や意見について、延々と総会の時間を費やす例が見受けられるようになってきています。発言の内容が株主全員の関心事であればまだ

しも、発言した株主の興味事項でしかない場合もあります。このような発言がなされたとき、発言した株主以外は、概して渋い顔をしています。これがはたして「開かれた総会」の本来の趣旨に沿ったものか、今一度考えてみるべきときに来ているように思われます。株主の発言に対する取締役の説明義務は、あくまで審議の充実のためにあるもので、発言した株主の個人的な興味を満足させるためにあるわけではありません。そうだとすれば、審議の充実につながる株主の発言と、そうでない株主の発言では、ある程度メリハリをつけた対応をすることが、本来の総会のあり方に即していると考えられます。

　発言した株主のみならず、発言をしなかった株主も含めた、すべての出席株主の満足度の向上こそ、現代の総会がめざすべき方向性といえるでしょう。

第2章　株主総会のスケジュール

　株主総会の準備は、当日に向けてさまざまな事項が並行して行われます。主なポイントは次のとおりです（標準スケジュールにつき **Q3**）。

① 会場選定

　会社法は、総会の開催場所に制限を設けていません。そのため、定款に定めを設けていない限り、どこでも総会を開くことができます（**Q5**、**33**）。

　総会の会場は、ホテルやイベントホールなどの貸会場を借りる場合と、自社の施設で行う場合があります。それぞれに長所・短所があります（**Q34**）。

　総会の来場者数は、かつては、株主数の1％から2％程度が相場であり、BtoB企業ではやや少なめ、BtoC企業ではやや多めという傾向がありました。ところが最近は、常連でない一般株主が総会に来場する例が増えており、出席者数が予測しにくくなっています。来場者数が大きく変動する要因は、第1にお土産、第2に不祥事です。ブログやSNSでお土産が充実しているとの評判が立った会社や、総会前に不祥事が判明してマスコミの注目が集まった会社では、来場者が急増することがあります。逆に、お土産を取りやめたことにより、来場者数が大幅減となった例もあります。

　第二会場を設ける場合には、映像やマイクにより、議長のいる第一会場とやりとりができるようにする必要があります（**Q35**）。

② 事業報告・計算書類の作成・監査・承認

　事業報告・計算書類（これらの附属明細書を含む）・連結計算書類は、事業年度後、以下のプロセスをたどって確定します（**Q3**）。
　① 取締役が、事業報告・計算書類・連結計算書類を作成します。
　② 会計監査人が、作成された計算書類・連結計算書類を監査して会計監査

報告を作成します。

③　各監査役が、事業報告・計算書類・連結計算書類を監査して、監査役の監査報告を作成します。その上で監査役会が、各監査役の監査報告に基づいて、監査役会の監査報告を作成します。

④　最後に、取締役会が、監査を受けた事業報告・計算書類・連結計算書類を承認します。

東証は、事業年度末から遅くとも45日以内に決算短信を開示することを要請しています。実務では、上記④までを終えてから決算発表・決算短信の開示を行う会社と、監査未了の段階でこれを行う会社があります。

事業報告に盛り込むべき事項は、施行規則118条以下に細かく定められています。事業報告の書き方については、記載事例を紹介した公刊物が多数あるほか、経団連や全国株懇連合会がひな型を公表しています。また、招集通知を東証に提出することが平成22年に義務化されてから、東証のウェブサイトで上場各社の招集通知を見ることができるようになりました。自社のサイトに招集通知のPDFファイルを掲載している会社も多数あります。作成担当者にとってこれらの情報は参考になります。

もっとも、事業報告の内容や体裁は、ここ数年で大きく変わってきています。具体的には「ひな型からの脱却」が潮流になっています。これは機関投資家をはじめとする株主が、議決権をより慎重に行使するようになった時期と軌を一にしています。

かつては、事業報告は、公刊されたひな型や施行規則の条文の順番に即して内容を作り込む会社が多数でした。このため事業報告といえば、法律的で難解な言い回しの文章が列挙された面白みのない書面であったといえます。しかし最近では、株主に伝えたいことを株主にとってわかりやすい順番で記載した工夫のある事業報告が増えています。たとえば、セグメント別の事業の内容紹介や実績、中期経営計画の取組状況、取締役報酬の設計、社外役員の独立性基準などは、施行規則上は必要な記載事項ではありませんが、株主の関心が高く、盛り込む会社が徐々に増えています（**Q12**）。

もともと、ひな型が編み出されたのは、法律上必要な記載事項を漏らさぬようにし、株主に必要な情報を適切に開示するためでした。ところが今では、ひな型どおりではかえって株主に不親切であるとの考えになりつつあります。時代は変わってきたのです。

このため、作成担当者としては、事業報告のどの箇所が施行規則上のどの必

要記載事項に対応したものであるか、あるいは、施行規則上記載すべき事項が漏れなく盛り込まれているかについて、いっそう注意を払わなければならなくなっています。

③ 議案についての株主総会参考書類の作成

議決権行使書を用いた投票制度（書面投票制度）またはインターネットによる議決権行使制度（電子投票制度）を採用する会社は、議決権の行使について参考となる事項を記載した書類を作成し、招集通知に合わせて株主に送付する必要があります（法301条、302条）。この書類を株主総会参考書類といいます。総会に出席しない株主でも、議案についての賛否の判断を適切になしうるよう、あらかじめ情報開示する趣旨です。後述するとおり、議案に関する答弁担当役員の説明義務の範囲は、株主総会参考書類の記載を敷衍する程度でよいと解されていますが、それは、本来、株主総会参考書類には議決権行使を適切になしうるだけの情報が盛り込まれているはずだ、との考えがあるからです（**Q82**）。

株主総会参考書類に記載すべき内容は、施行規則73条以下に細かく定められています。

近年は、とりわけ社外取締役を含む取締役選任議案への関心が高まっています。機関投資家をはじめとする株主が、取締役会がどのようなスキルを有する者で構成されているかをいっそう注意深く検討するようになったためです。工夫例として、候補者の略歴欄をその候補者の専門スキルがわかるように意識して記載したり、候補者ごとに役員選任理由を具体的に記載したり、候補者から株主へのメッセージ（抱負など）を記載する会社があります（**Q12**）。

④ 取締役会による招集決定・招集通知の発送・招集通知の修正

I 取締役会による招集決定

事業報告・連結計算書類・計算書類と議案が確定した後は、取締役会にて、総会を招集する決議を行います。この際に定めなければならない事項は、法298条1項、施行規則63条以下に定められています（**Q5**）。

Ⅱ　招集通知の発送

　招集通知は、総会の日の 2 週間前までに発送しなければなりません（法 299 条 1 項）。2 週間前とは、総会の日と発送の日の間に中 2 週間（休日を入れて 14 日）が必要という意味です。ただし、書面投票や電子投票の期限を、総会の日より前の特定の日に定めたときは、その特定の日と発送日の間に中 2 週間が必要です（施 63 条 1 項 3 号ロ・ハ）。招集通知を電磁的方法によって発送する方法もありますが（法 299 条 3 項）、普及していません。

　発送する書類は、次のとおりです（**Q6**）。

①　総会の日時場所等を記載した開催案内文（これを「狭義の招集通知」といいます）

②　事業報告

③　連結計算書類

④　計算書類

⑤　監査役会の監査報告

⑥　会計監査人の会計監査報告

⑦　株主総会参考書類

⑧　議決権行使書

　①から⑦を 1 冊にまとめることも、2 冊以上に分けることもできます。実務では 1 冊にまとめている会社が多数であり、会社の規模が大きくなるにつれて、分冊とする会社が増える傾向があります（**Q12**）。

　招集通知に関する近時の注目テーマは、招集通知の早期発送・WEB 公表と、WEB 開示です。

　前者は、コーポレートガバナンス・コードで採り上げられたために注目されています。コードは、株主が総会議案の十分な検討期間を確保することができるよう、招集通知の早期発送に努め、また、招集通知の発送前に TDnet や自社のウェブサイトに電子的に公表すべきであるとしています（補充原則 1-2 ②）。白書 2015 年版によれば、招集通知発送前の WEB 公表を行った会社は約 4 割であり、2014 年の約 1 割弱から急増しています（**Q11**）。

　後者は、平成 26 年会社法改正によって使い勝手がよくなったため注目されています。会社法は、定款に定めを置くことにより、事業報告・株主総会参考書類・計算書類の一部および連結計算書類について、招集通知に記載することに代えてウェブサイトで開示を行うことを認めています（施 94 条、133 条、計 133 条、134 条）。これを WEB 開示といいます（**Q7**）。平成 26 年会社法改正

により、WEB開示が可能な範囲が大幅に増えました。これにより、各社はよりメリハリをつけた招集通知を作成することができるようになりました。

②事業報告、④計算書類、⑤監査役会の監査報告、⑥会計監査人の会計監査報告は、本店にその原本を5年間、支店にその写しを3年間備置し、株主および債権者から求めがあれば、閲覧・謄抄本の交付に応じなければならないこととされています（法442条）。また、各監査役の監査報告も備置の対象です。③連結計算書類は、会社法上は備置の対象とされていませんが、一緒に備置するのが実務です。

Ⅲ　招集通知の修正

招集通知に誤記が見つかった場合、自社のウェブサイトに修正事項を掲載することで、招集通知の修正を行うことができます。これをWEB修正といいます（Q8）。WEB修正を行うためには、招集通知に修正事項を掲載するウェブサイトのアドレスを記載しておくことが必要です。

⑤　想定問答集の作成・改定

総会当日の株主との質疑応答に備えて、想定問答集を準備する会社が圧倒的に多数です。白書2015年版によると、想定問答集を準備していない会社は1.7％にとどまります。準備した設問数は、会社の規模により差がありますが、全体では50問が10.3％、100問が15.1％、150問が10.7％、200問が13.3％であり、ここまでで約半数を占めています。ただし資本金1000億円超の大企業では、600問超とした会社が57.0％を占めています。

想定問答集を作成する本来の目的は、株主の質問に対して答弁担当役員がまごつくことなく円滑に回答できるようにすることにあります。これに加え、想定問答集には、これを作成するプロセスを通じて、社内の各部署が有している強みや弱みを1つの書類に一元化できるといういわば「社内の課題の棚卸し」ともいえる副次的な効果もあります。また、総会に向けて総会担当部署以外の各部署を動員することで、総会の準備を全社的に行う風土の醸成にもつながります。

想定問答集は、①総会担当部署が各部署に改定を依頼し、②各部署が改定案を作成した上で、③総会担当部署が取りまとめを行うという流れとしている会社が多いようです（小規模な会社では、総会担当部署が一手に起案していることも

あるようです）。各部署による改定は、(a)数字などのデータを更新する、(b)陳腐化した質問を削除する、(c)会社のプレスリリースやマスコミ報道、競合他社の動向などをもとに新規の設問を作成する、などの観点から行われています。これをもとに、総会担当部署にて、(d)漏れている設問の有無の点検、(e)各部署間の回答内容の平仄合わせ、(f)説明の深度の調整などを行っていきます。

想定問答集の作成に当たっては、利用のしやすいものとする工夫が望まれます（Q23）。

もっとも、逆説的ですが、役員が答弁する総会当日の場面では、想定問答集は役に立たないことが少なくありません。想定問答集の該当箇所がタイミングよく検索できるとは限りませんし、用意した設問と株主からの実際の質問の内容は食い違っていることが多いからです。想定問答集の設問と、株主の実際の質問の内容がずれているにもかかわらず、想定問答集の回答をそのまま棒読みすると、株主の受けが非常に悪くなります。想定問答集は、総会前日までに、答弁担当役員が回答の準備をする（説明の程度や深さを把握する）ためにあると割り切り、総会当日の利用は、数字等の細かなデータを参照する程度にとどめた方が、よい答弁ができます。想定問答集の役割の9割は、総会の前日までに終了していると心得るべきでしょう。

そのため総会担当者としては、なるべく早く想定問答集を取りまとめて、適切な順番に並べ、答弁担当役員に渡すことが望まれます。

6 リハーサル・役員勉強会

多くの会社では、総会本番の前にリハーサルを実施しています。白書2015年版によると、リハーサルを1回実施した会社が49.6%、2回実施した会社が33.3%です。実施しなかった会社は5.1%にすぎません。

リハーサルのチェックポイントは多岐にわたります（Q24）。リハーサルは、役員の入場から、質疑応答を経て、役員の退場に至るまで、本番さながらに行うことが望ましいといえます。これまで株主の出席が多くなく、業績も増収増益で申し分のない会社でも、常連でない一般株主が出席して、厳しい質問を行う例が増えています。減収減益となった場合はなおさらです。

リハーサルの際に、事務局が「気を利かせて」議長にあらかじめ質問の内容を伝える会社もあるようですが、せっかくのリハーサルの意義が半減してしまいます。リハーサルの質疑応答の際、株主役の社員が社長である議長に質問を

することを躊躇しがちなようであれば、その役を弁護士などの外部者に依頼するのがよいでしょう。また、議長が、多数の従業員のいる場で質疑応答の練習を行うことをためらうときは、質疑応答の部分のみを、少人数の経営幹部が集まった場で行うことも考えられます（ただこの場合には、質疑応答での議長と会場係の連携の練習ができないという不都合が残ります）。

リハーサルを行うことは、議長だけでなく、他の答弁担当役員や従業員のためにもなります。来場する株主は、総会が開会する前から終わった後まで、議長だけでなく他の役員や従業員の所作を見て、会社の雰囲気を感じ取っているからです。会場係の案内は行き届いているか、マイクの受渡しはスムーズか、答弁しない役員の姿勢がしっかりしているか、事務局のバックアップ体制はしっかりしているか、議長との連携はスムーズか、などは練習して初めて問題が見つかるものです。

リハーサルとは別に、役員勉強会を実施する会社もあります。前年の総会の反省点の振返りや、法令改正動向、近時の株主の動向、質問が多く出そうな会社のトピックへの回答スタンス、総会の一般的な留意事項などを確認するものです（**Q25**）。

7 議決権の事前行使の集計

招集通知を発送すると、総会に出席しない株主から議決権行使書が返送されてきます。返送先は証券代行機関（会社の株主名簿管理人）となっているので、証券代行機関が集計して会社に報告します。電子投票制度を採用しているときは、その集計結果も合算されます（**Q28〜32**）。

集計の段階で、会社が提案する各議案の可決要件を充たしていることが確認できるのが通常です（大株主のいる会社では、総会当日に出席予定の大株主の票を入れて議案の可決を見込む場合もあります）。このことから、総会の場での議案の採決は、拍手などの簡便な方法で行うことが可能となります（**Q112**）。

これに対し、総会前日までに議案が可決要件を充たしているかがわからない場合には、総会に出席した株主の賛否がカウントできる投票などの厳密な方法をとる必要があります。投票を行う場合には、集計はどうするか、動議はどう処理するか、休憩は入れるのかなど、通常の総会とは異なるさまざまな論点が生じ、総会のシナリオに重大な影響を与えることになります。投票のノウハウは証券代行機関や弁護士が持っているので、事前に綿密に打ち合わせておくこ

とが必要です（**Q114**）。

　役員株主や当日欠席予定の大株主の議決権は、包括委任状を用いて、総会に出席する社員株主が議決権を行使します（**Q17**、**113**）。

8　総会本番

　総会本番では、受付係が受付で来場者の株主資格を確認したのち、会場係が総会場内に株主を誘導します（**Q46～49**）。

　定刻になったら、議長が開会宣言を行い、議事采配をふるい、総会の目的事項について審議し、決議事項の採決を行います。

　議事シナリオは、次の第3章で述べます。

9　総会後

　総会後のイベントとしては、次のようなものがあります（**Q122**）。

Ⅰ　取締役会・監査役会

　総会で選任された取締役の中から、代表取締役や役付取締役を選定する取締役会を開きます。また、監査役の中から常勤監査役を選定する監査役会を開きます。

Ⅱ　登記

　総会や上記Ⅰの取締役会の決議に基づき、役員就任登記を行います。事業目的を追加・変更する定款変更議案など、議案の内容に登記事項が含まれていたときは、その登記も行います。

Ⅲ　開示・決議通知の発送

　総会で報告した連結計算書類・計算書類をもとに作成した有価証券報告書を開示します。平成21年の金融商品取引法の関係府令の改正によって、総会前に有価証券報告書の開示を行うことも可能になりましたが、今でも総会後に開示している会社が多数を占めています。あわせて、議決権行使結果を記載した臨時報告書を開示します。

　また、株主に対しては、決議通知を発送します。決議通知の作成は法律上の

義務ではありませんが、配当等支払関係書類とともに送るのが実務慣行です。

Ⅳ　議事録の作成・備置

　株主総会議事録を作成します（**Q123**）。議事録は本店に原本を10年間、支店に写しを5年間備置し、株主および債権者の閲覧・謄写の対象となります（法318条）。また、議決権行使書や委任状も総会から3か月間備置する必要があり、株主の閲覧・謄写の対象となります（法310条～312条）。

Ⅴ　総会の総括

　総会の反省点、来年に向けた改善点などを取りまとめます（**Q4**）。

10　特殊事象のある総会

　以上が通常の総会スケジュールの流れですが、年によっては特殊事象が生じることがあります。本書の性格上、深く踏み込みませんが、概要は次のとおりです。

Ⅰ　事前質問

　総会に先立って、株主から質問が届くことがあります。これを実務上、事前質問と呼んでいます。

　事前質問は、総会で質問を行うことの「予告」としての意味合いを有しています。このため、総会の場で質問がなされなければ回答する必要はありませんが、質問がなされた場合には「回答に調査を要する」（法314条、施71条1号）ことを理由に回答を拒めなくなります。歴史的には、総会屋が事前質問を多用してきましたが、最近では一般株主でも事前質問を行うことがあります。回答の仕方には、「一括回答」という実務上の工夫があります（**Q19**）。

Ⅱ　株主提案

　総会の議題は、会社だけでなく一定の要件を充たす株主も提案することができます。これを株主提案といいます（**Q13**）。

　株主提案の事例としては、次のようなものがあります。

・会社の現経営陣と対立する大株主が、自らの意向に沿う役員の選任や現経営陣の解任を求める例

・アクティビストファンドが、増配を求める例

・会社の経営方針に反対する株主が、その経営方針を制限する定款変更を求める例（電力会社における原発への反対など）

平成 27 年 6 月総会では 29 社で株主提案があったようです（牧野達也「株主提案権の事例分析」資料版商事法務 378 号（2015 年）92 頁）。

III　委任状勧誘

株主が、株主提案の可決をめざして、他の株主に対して自分に対する委任状を出すよう勧誘することがあります。委任状を勧誘した株主が、他の株主から受領した委任状をもって総会に出席し、総会で株主提案に対する賛成票を投じることで、株主提案を可決させようというものです。

また、このような株主に対抗して、会社側も議決権行使書や委任状を集めることがあります。委任状勧誘戦（あるいは委任状争奪戦、委任状合戦）と呼ばれています（**Q16**）。

委任状の勧誘は、金融商品取引法の関係府令の定めに従って行わなければなりません。府令では、勧誘をする際に、株主に十分な情報提供を行うべき旨と、適正な様式の委任状用紙を用いるべき旨が定められています。株主が誤解の下に委任状を提出することを防ぐとともに、株主の意思を適切に委任状に反映させる趣旨です。

なお、議決権行使書による投票制度（書面投票制度）が導入された昭和 56 年以前は、上場各社は、招集通知に定型の委任状を同封し、その委任状を集めることによって事実上の書面投票を実現していました。現在でも、書面投票制度ではなく、委任状を集める会社が少数ながら存します。

IV　株主名簿の閲覧請求

株主が委任状勧誘を行うには、会社の株主が誰かを知る必要があります。そこで、委任状勧誘に先立って、株主が株主名簿の閲覧請求を行うことがあります（**Q18**）。株主は、原則として会社の営業時間内はいつでも、株主名簿の閲覧謄写を請求することができます（法 125 条 2 項）。ただし、権利の濫用や目的外利用は許されないので、会社には一定の拒否事由が認められています（同条 3 項）。

V 総会検査役

株主提案や委任状勧誘戦が行われている場合など、株主と会社の対立が先鋭化しているときには、総会がルールどおりに行われたかどうかが、株主の重大な関心事となります。

そこで、総会の6か月前から議決権の1%以上を有する株主または会社は、裁判所に対し、総会の招集手続や決議の方法が適正に行われたかを調査する総会検査役の選任を求めることができます（法306条）。総会検査役には通常弁護士が選任され、総会のプロセスを調査・記録して裁判所に報告します。総会検査役の調査事項は、招集通知の内容や発送状況、議決権行使書・委任状の集計方法、総会の受付の仕方、議長の議事の進め方、株主からの発言とそれに対する役員の回答、採決の仕方など総会のプロセスの全般に及びます。

総会検査役の役割は、総会決議取消訴訟が提起された際の証拠を保全することにあります。つまり、総会の適法性を確保することが役割というわけではありません（それは会社の役割です）。もっとも、総会検査役は、総会のプロセスで違法が生じうる点を重点的に調査しており、その調査の過程で、株主や会社に対して質問を行うことがあります。そのような質問によって、総会のプロセス上の問題点があぶり出され、会社や株主が自ら対応策を講じることによって、結果的に、総会のプロセス上の問題が回避されることがあります。

VI 種類株主総会

会社が種類株式を発行している場合において、会社の行為によってその種類株式の株主に損害を及ぼすおそれがあるときは、当該行為について種類株主を構成員とする種類株主総会を開き、種類株主の承認をとることが必要とされています（法322条）。種類株式の内容を変更する定款変更を行う場合や、特定の種類株式について不利な対価を交付する合併等が、これに当たることがあります。

第3章　総会のシナリオ

　総会のシナリオは、実務の積み重ねによって骨格が確立しています。本章では、その骨格を確認していきます。

１　総会の本質

　総会の本質は、「会議」です。大規模な会社では、何千人もの株主が来場することもあるため、総会が会議であるとのイメージが湧きにくいと思いますが、そのような大規模なものでも、総会の本質が会議であることには変わりがありません。

　原始的な会議を考えてみましょう。読者の多くは、小学校や中学校で学級会を経験したことがあると思います。学級会も会議の１つです。学級会では、クラスの生徒全員が構成員となり、学級委員が議長となって、事前に決定されている特定の議案（文化祭での出し物など）について審議します。その教室にいるのはクラスの生徒だけです。審議の過程では、構成員たる生徒から発言希望があり、議長が指名します。議長は、生徒の発言を整理しながら議事を進めます。ときには一部の生徒から不規則発言や勝手な言動があり、議長が注意します。生徒の誰かが、議案についての修正案を出すこともあります。そして、さまざまな発言があった後、審議が打ち切られ、採決が行われ、議案の可決または否決が判明して、学級会は閉会します。

　株主総会の本質も、これと大きくは異なりません。会議である以上は、議長がいます。通常は、会社のトップである社長や会長が議長になります。構成員は、株主全員です。株主以外の者は構成員ではありませんから、議場に入れません。会議の目的事項は、会社からあらかじめ提案されており、招集通知に書かれています。総会が始まると、議長の采配の下に議事が進み、構成員たる株主は、議長の指名を受けた後に、総会の目的事項について質問や意見を述べます。これに対して、報告者や提案者である会社の役員が答弁します。株主の不

規則発言に対しては、議長が発言を制止します。ときには構成員たる株主から、議事進行や議案についての動議が出されます。最後に、議長が議案についての採決を行い、議案の可決または否決を宣言します。そうして総会が閉会します。

この一連の段取りは、いずれも、総会が会議であることにのっとったものです。

総会におけるさまざまな論点や概念は、総会が会議であるということに遡って考えると正しく理解できることが少なくありません。

たとえば、議長不信任の動議が出された場合には、議長は、必ず議場に諮って採決しなければならないと解されていますが、法律にはそのような定めはどこにもありません。しかし、総会が会議であることを考えると、会議の構成員たる株主が、議長に不信任を突きつけているのに、当の議長本人がそれを自らの裁量で却下できるとすれば、公正な会議が実現しえないこととなります。そこで、議長不信任動議は、必ず議場に諮って採決しなければならないと解されているのです（**Q109**）。

また、議長には議事整理権があり（法315条1項。後出第4章）、株主の発言できる機会を合理的な範囲に制限することができ、株主といえども議長の指示には従わなければなりません。これも総会の本質が会議であることから導かれます。会議の場では、構成員が議長の指示に従うのは当然です。構成員が好き勝手な時期に発言できるとすれば、議長を置く意味がなく、円滑な会議が実現できなくなるからです。

② 個別上程方式と一括上程方式

総会のシナリオは、大きく分けて、個別上程方式と、一括上程方式の2種類があります。

個別上程方式は、次のように、総会の目的事項ごとに、審議（質疑応答）と採決を繰り返す方式です。

① 報告事項の報告と質疑応答

② 第1号議案の上程と質疑応答

③ 第1号議案の採決

④ 第2号議案の上程と質疑応答

⑤ 第2号議案の採決

⑥ 第3号議案の上程と質疑応答

⑦　第3号議案の採決（第4号議案以下についても同じ）

　これに対し、一括上程方式は、次のように、総会の目的事項を一括して審議に付し、その後に順に議案の採決のみを行う方式です。

①　報告事項とすべての議案を一括して報告・上程して、質疑応答を行う

②　第1号議案の採決

③　第2号議案の採決

④　第3号議案の採決（第4号議案以下についても同じ）

　それぞれの標準的なシナリオは、28〜30頁、31〜33頁のとおりです。

　昔は個別上程方式が主流でしたが、総会屋の時代に、実務上の工夫として一括上程方式が編み出され、総会屋の時代が終わった後も普及し続けています。白書2015年版によると、個別上程方式を採用する会社は43.7％、一括上程方式を採用する会社は55.2％であり、個別上程方式を採用する会社が減少傾向、一括上程方式を採用する会社が増加傾向にあります。

　前述①のとおり、総会の本質は会議です。一般に、会議では、相互に関連しない議案を混ぜこぜにして審議することはせず、議案ごとに、審議と採決を行うのが本則です。会議の1つである取締役会でも、議案ごとに審議と採決を進めていく場合が多いと思います。歴史的に見て、個別上程方式が主流であったのは、それが会議の本来のかたちに沿ったものだったからです。

　しかし、個別上程方式によると、議長は、議案ごとに株主の発言を受け付けなければならないこととなります。その結果、総会屋の時代では、総会屋が、各議案の質疑応答の時間のたびに発言することができることとなり、議長は何度も総会屋と対峙しなければなりませんでした。そこで、実務の工夫として、議長が、報告事項と議案を合わせた総会のすべての目的事項についての質問を1度の機会に受け付け、それが終わった後は、議案の採決のみを行う一括上程方式が編み出されました。

　ところが、一括上程方式は、総会屋の時代が終わった後も普及し続けています。それは、一括上程方式に次のような利点があると認識されたからです。

①　質疑を受け付ける機会が1度きりなので、議長や事務局は、質疑の時間を打ち切るタイミングを1回だけ考えればよいことになります。個別上程方式では、議案ごとに、質疑を打ち切るだけの審議を十分に行ったかを考えなければなりません。この利点は、株主の質問が途絶えることのない来場者数の多い総会の場合や、株主提案が多数なされた総会の場合に大きなものとなります。

② 質疑を受け付ける機会が1度きりなので、総会の時間管理がしやすい面があります。

③ 議案は相互に無関係ではなく関連していることがあるので、株主の1つの発言が複数の議案に関連することがあります。また株主としても、どの議案に関する発言かを意識することなく発言することができます。よって株主にとっても一括上程方式の方がわかりやすいといえます。議長としても、株主の発言がどの議案に関するものかを考えて、「ただいまのご質問は、この後の議案に関するものですので、後ほど改めてお受けいたします。」などと述べる必要がなくなります。

④ 総会屋の時代は終わったとはいえ、総会の健全な運営を妨害する問題株主がいなくなったわけではありませんので、一括上程方式の有用性は失われていません。

⑤ 一括上程方式では、質疑応答中に震災が発生した場合には、すぐに質疑応答を打ち切って採決を行い、総会を終了しやすい面があります。個別上程方式では、震災後も議案を上程し、質疑応答をした上で採決しなければなりません。

　一方で、個別上程方式にも実務上の利点がないわけではありません。個別上程方式では、株主の発言は、最初の質疑応答の機会である報告事項に関する質疑応答の時間に集中しがちであり、議案の段階になると、ぱたりと途絶えることが少なくありません。このため、報告事項に関する質疑の時間を終えた後は、議案の審議から可決に至るまでがよりすんなりと行える傾向にあります。この傾向は、来場者の数が限られている中小規模の会社の総会に顕著です。

③ シナリオの全体構成

　個別上程方式であれ、一括上程方式であれ、総会のシナリオは、①会社が説明する段階、②株主との審議（質疑応答）段階、③議案の採決の段階の3つに大別できます。

　第1の説明段階は、議長の開会宣言に始まり、会社側が株主に向けて総会の目的事項について一方的に説明を行う段階です。28～29頁の個別上程方式の標準シナリオの1～7、31～32頁の一括上程方式の標準シナリオの1～8がこれに当たります。議長がシナリオを読み進める段階です。

　第2の審議段階は、報告事項や議案の審議を行う段階です。29、30頁の個

別上程方式の標準シナリオの 8・11、32 頁の一括上程方式の標準シナリオの 9 がこれに当たります。株主から発言を受け付け、答弁担当役員が回答する段階です。

第 3 の採決段階は、議案について採決を行う段階です。30 頁の個別上程方式の標準シナリオの 13、33 頁の一括上程方式の標準シナリオの 11 以降がこれに当たります。

この 3 つの段階を経て、総会は目的事項のすべてを終え、閉会に至ります。

この 3 つの段階に沿って順に見ていきましょう。

④ 説明段階

I　開会宣言

定刻に議長が開会宣言を行って総会を開始します。総会の議長は、定款で決まっています。定款所定の議長が総会に出席できないときは、代わりの者が議長に就きます（Q75）。

続いて議長が、議事整理権（法 315 条 1 項）に基づき、株主に対し、発言は後述⑤の審議段階になってからにしてほしいことや、議事進行については議長の指示に従ってほしいことなどの総会のルールを説明します。このルール説明により、説明段階で株主から発言希望があっても、議長は無視して（あるいは発言を制止して）議事を進めることができることになります。

II　定足数報告

議長または事務局が、総会の出席者数と議決権数を報告し、総会の定足数を充たしていることを報告します。この報告は、法律上の義務ではなく、実務慣行によります。

また、定足数は本来、議案の採決を行う時点で充たされていることが必要なものですから、後の段階で報告しても差し支えありません。後述⑤の審議段階の冒頭で定足数報告を行う会社もあります。

III　監査報告

常勤監査役が、監査報告を行います。この監査報告は、取締役が総会に提出しようとしている議案や書類に法令・定款違反や不当な事項があるとき（法 384 条）を除いては、法律上の義務ではありません。しかし、実務では、監査

報告を行っている会社が多数です（**Q2**）。

Ⅳ 報告事項の報告

続いて、議長から①事業報告、②連結計算書類・計算書類、③連結計算書類の会計監査人の監査結果の内容を報告します。③は常勤監査役が行う会社もあります（**Q2**）。

この報告の仕方は、会社によってさまざまです。従来は、議長が招集通知の記載に沿って話す会社が多くありましたが、次第に、あらかじめ作成したビデオとプロのナレーションによって報告を行う会社が増えてきました（**Q63**）。事務局がパワーポイントを操作し、議長がスライドを見ながら報告する会社もあります。また、業績など過去の事象についてはビデオとナレーションを用いつつ、「対処すべき課題」など会社の将来の取組みについては議長が自ら説明する会社もあります。さらに、上記①②③の内容にとどまらず、中期経営計画の進捗状況や会社の施策など、決算説明会やアナリストミーティングで話すような内容を、この機会に説明している会社もあります。

ビデオとナレーションによって報告を行った方が、株主にとってわかりやすいし、議長もその間休むことができるというメリットがあります。一方で、議長が自らの声で熱心に報告を行うことを好感する株主もいます。正解はひとつではありません。

ただ、議長が招集通知の内容をかいつまんで棒読みするだけの報告は、時代にそぐわなくなってきているといえます。

Ⅴ 議案の説明

一括上程方式では、続けて議長がすべての議案の上程と説明を行います。個別上程方式では、前述Ⅳの後に、すぐに報告事項についての審議段階に移ります。

⑤ 審議段階

Ⅰ 報告事項と議案の質疑応答

説明段階が終わると、議長が株主の質疑を受け付けて答弁担当役員が回答する審議段階に移ります。個別上程方式では、まず報告事項についての審議を行います。次いで第１号議案の上程と審議を行い、後述⑥のとおり採決を行い

ます。その後、第2号議案の上程と審議を行い、採決を行います。これを議案の数だけ繰り返します。一括上程方式では、すでに議案の上程と説明を終えているので、報告事項と議案を含めたすべての事項についての審議を行います。

審議段階の段取りは次のように進みます。

①　議長が、議場の株主に対し、出席票番号と氏名を名乗った上で発言するよう述べた後、発言を希望する株主に挙手を求め、挙手をした株主の中から、議長の裁量で特定の株主を指名します（Q65～67）。

②　指名された株主が、出席票番号と氏名を述べた上で発言します。株主がスタンドマイクまで歩いていって発言する会社と、会場係がハンドマイクを席上の株主に渡す会社があります（Q44）。

③　発言が終わったら、議長が株主の発言を要約して復唱します（オウム返し）。株主の発言は長くて要領を得ないこともあるため、議長が要点をまとめることで、発言した株主との意思疎通を図り、議場の他の株主にも質問の趣旨を明らかにするものです。こうすることで答弁担当役員や事務局の回答準備時間を確保することもできます（Q68）。

④　その後、議長が自ら回答するか、回答する役員を指名して答弁担当役員より回答します。白書2015年版によると、議長と答弁者を分担した会社が37.8％、分担しなかった会社が44.4％です（質問がなかった会社が17.7％）。大規模な会社ほど、分担する傾向が見られます。

⑤　議長が、ほかの発言希望者を募り、指名します。

以降、②から⑤を繰り返します。発言した株主が続けて発言を希望する場合には、続けて指名してもかまいません。

また、総会の出席者数が多いときは、議長はあらかじめ株主の発言回数や質問数を制限することができます（Q65）。内容の重複した質問が出た場合や1人の株主から同時に多数の質問が出た場合には、議長は、適宜議事整理を行います（Q69～71）。ヤジや不規則発言は、散発的で程度の軽いものは無視して差し支えありませんが、議場が騒然となってきたら制止します（Q58）。議長が議事進行に関し判断に迷うことがあったら、躊躇なく事務局と相談します（Q64）。

審議の段階では、役員の説明義務の範囲・程度を理解することと、動議への対応方法を理解することが重要です。

Ⅱ　説明義務

　取締役、監査役、指名委員会等設置会社における執行役は、総会において、株主から特定の事項について説明を求められた場合には、当該事項について必要な説明をしなければならないとされています（法314条）。これを説明義務といいます（**Q81**）。株主の側から見て、質問権ということもあります。

　議案に関する説明義務に違反すると、決議の方法が法令に違反または著しく不公正であるとして、決議取消事由（法831条1項1号）となります。説明義務違反があっても軽微なときは、裁判所が請求を棄却することがありますが（法831条2項）、決議取消判決が下されると、議案の決議が覆滅することになります。つまり改めて総会を開いて取締役の選任等をやり直さねばならないこととなります。また、過料の制裁があります（法976条9号）。

　報告事項に関する説明義務に違反した場合は、決議取消しの問題は生じませんが、過料の制裁があります（法976条9号（**Q84**））。

　説明義務は、総会の目的事項について、審議の充実を図るために認められているものです。したがって、審議の充実につながらない質問に対しては、回答を拒むことができます（**Q85～87**）。

　説明義務の範囲と程度（幅と深さ）については、一般論としては、株主に届けられた招集通知（事業報告・連結計算書類・計算書類・監査報告・株主総会参考書類）の記載を敷衍する程度が目安と解されています（**Q82、83**）。書面投票制度を採用する会社では、株主は、総会に出席せずに招集通知の内容を見て議決権を行使します。このことを裏からいえば、招集通知に記載されている内容は、株主にとって、適切に議決権を行使できる程度の詳しさになっているはずだ、という考え方によります。もっとも、ことはそう単純でなく、質問の内容に応じてより細かく考える必要があります。

　現在では、法的な説明義務の範囲にこだわらず、説明義務のない事項でも、積極的に説明することが一般的です（**Q85**）。株主も積極的な説明を期待しているため、回答を拒否するときは言い回しに気をつける必要があるでしょう。

Ⅲ　動議

　総会も会議である以上、会議の構成員たる株主は、会議の進め方や議案を議場に提案し、採決を求めることができます。これを動議といいます。白書2015年版によると、動議が提出された会社は約3％であり、近年増加傾向にあります。動議の中で最も多いのは議長不信任動議であり、議案修正動議がこ

れに続きます。

　動議のうち、会議の進め方に関する動議を手続的動議といいます。議長不信任の動議、総会の延期・続行の動議、採決の方法に関する動議（取締役の選任議案について、全員一括ではなく個別の取締役ごとに採決してほしい旨の動議）などがあります。手続的動議には、議長が必ず議場に諮って採決しなければならないもの（必要的動議）と、議場に諮るかどうかについて議長に裁量があるもの（裁量的動議）があります。手続的動議が出たときは、議長はその場で対応を決する必要があります。実務的には、裁量的動議であっても動議として採り上げて、議場に諮って採決しています（**Q109**）。

　また、動議のうち、議案を修正する動議を議案修正動議といいます。実質的動議といわれることもあります。招集通知に記載された元の議案よりも多い金額の配当を求める修正動議、元の議案と異なる取締役の選任を求める修正動議などがあります。議案修正動議は、他の株主に対する不意打ちになってはならないので、招集通知に記載された元の議案から株主が予見しうる範囲内でなければならないと解されています。動議が許される範囲は、議案の内容ごとに考える必要があります。議案修正動議は、適法なものである限り、議長としては採り上げなければなりません。実務では、適法な動議か不適法な動議かを厳密に判定せず、議案修正動議が出たときは採り上げています。採決の仕方には、実務上の工夫があります（**Q110**）。

6　採決段階

　総会の目的事項について、株主から質問や意見が出なくなったときは、議長は審議の終了を宣言し、議案の採決に移ります。

　また、議案の採決をすることができる程度に審議を尽くしたときは、議長は、まだ発言を希望する株主がいても、審議を打ち切ることができます。審議を打ち切る場合には、説明義務違反を問われないように、打切りのタイミングに留意を要します（**Q111**）。

　議案の採決方法について、法律は特に定めを置いていません。裁判例によれば、総会の決議は、賛成の議決権数が可決要件に達したことが明白になったときに成立し、それ以上に議場の賛否の数を細かく数える必要はないとされています（**Q112**）。

　このことから、総会の採決は、拍手によって行う会社が大多数です。前日ま

でに届いた議決権行使書の状況と、総会当日の大株主の拍手の状況から、議場の賛否を細かく数えなくても、議案が可決要件を充たしていることがわかるからです。

これに対し、議決権行使書と大株主の状況から議案が可決要件を充たすことが明らかでない場合には、議場の賛否がより厳密にわかる方法による必要があります（**Q114**）。

昔は「異議なし！」や「賛成！」との発声によって採決を行う例もありましたが、今ではほとんど見られません。

最後に、議長が閉会を宣言して、総会は閉会します。閉会の後に、新任役員の紹介を行い、その上で散会する会社が多数です。

個別上程方式の標準シナリオ（一括上程方式との相違点に下線を付した）

	司会	定刻となりました。社長、よろしくお願いします。
1 あいさつ	社長	おはようございます。 社長の○○でございます。本日はご多用中のところご出席賜りまして誠にありがとうございます。定款第○条の定めに基づき、私が議長を務めさせていただきます。どうぞよろしくお願い申し上げます。
2 開会	社長	それでは当社第○回定時株主総会を開催いたします。 本総会の議事の進行につきましては、議長である私の指示に従っていただきますよう、ご理解とご協力のほどよろしくお願い申し上げます。 また、株主の皆さまからのご質問その他のご発言につきましては、私からの<u>報告事項のご報告の後</u>に承りますので、よろしくお願い申し上げます。 それでは、ご出席株主数・議決権数を事務局からご報告申し上げます。
3 出席株主数 報告	司会	本総会で議決権を有する株主様の数は、○名、その議決権の総数は○個でございます。このうち、ただ今までにご出席の株主様の数は、議決権行使書を提出の方を合わせまして、○名、その議決権の総数は、○個でございます。
4 定足数 報告	社長	ただいまの報告のとおり、本総会においては、各議案を審議するのに必要な定足数を充たしております。

5 監査報告 指示	社長	それでは、事業報告等の内容報告に先立ち、監査役より監査報告をお願いします。また、連結計算書類にかかる会計監査人および監査役会の監査結果についても、監査役から報告をお願いします。
6 監査報告	監査役	常勤監査役の○○でございます。 当社の監査役会は、各監査役より、監査の方法と結果の報告を受け、審議いたしました。その結果を私からご報告申し上げます。 ・・・（監査報告）・・・ ・・・（連結計算書類の監査結果報告）・・・ 以上ご報告申し上げました。
7 報告事項 報告	社長	引き続き報告事項についてご説明をさせていただきます。 平成○年4月1日から平成○年3月31日までの第○期事業報告、連結計算書類および計算書類の内容につきましては、招集通知○頁から○頁に記載のとおりであります。 これからナレーションにより、これらの概要をご説明申し上げます。前方右手のスクリーンをご覧ください。
	ナレーション	第○期事業報告等の内容につき、ご説明申し上げます。 ・・・（ナレーションと映像による報告）・・・
8 質疑応答	社長	それでは、ただいまご説明いたしました報告事項に関しまして、株主様からご質問をお受けいたしたいと存じます。 ご質問の際には、挙手をしていただき、私からの指名を待って、お手元の出席票番号とお名前をおっしゃってから、ご発言ください。 では、ご質問はございませんか。 はい、そちらの株主様、どうぞ。 ・・・（質疑応答）・・・
9 質疑終了	社長	ほかにご質問はございませんか。 ・・・（間を置く）・・・ それでは、ほかにご質問もないようですので、報告事項に関する審議を終え、引き続きまして、議案の上程に移らせていただきます。
10 第1号議案 説明	社長	まず、第1号議案「剰余金の処分の件」を上程いたします。 ・・・（議案の説明）・・・

30 第1編 株主総会の基本 第3章 総会のシナリオ

11 質疑応答	社長	では、本議案につき、ご質問はございませんか。 はい、そちらの株主様、どうぞ。 ・・・（質疑応答）・・・
12 質疑終了	社長	それでは多数の株主様よりご発言をいただき、審議を尽くしましたので、審議を終了してこれから採決に移らせていただきたいと思いますが、ご賛成の株主様は、拍手をお願いいたします。 ・・・（株主拍手）・・・
13 採決	社長	ありがとうございます。賛成多数と認めますので、これから採決を行います。 本議案に賛成の株主様は、拍手をお願いいたします。 ・・・（拍手）・・・ ありがとうございます。議決権行使書を含め賛成多数と認めますので、第1号議案「剰余金処分の件」は原案のとおり承認・可決されました。
《繰り返し》		次に、第2号議案「取締役○名選任の件」を上程いたします。 《以下、すべての議案が終わるまで、10から13を繰り返す。》
14 閉会宣言	社長	以上をもちまして、本日の目的事項はすべて終了しましたので、本総会は閉会といたします。 本日はありがとうございました。
15 新任役員 紹介	社長	なお、この機会に新たに役員に選任されました○名をご紹介いたします。 ・・・（役員紹介）・・・
16 退出	社長	新任役員ともども、今後とも、当社にいっそうのご支援をいただきますよう、心よりお願い申し上げ、散会とさせていただきます。 本日はありがとうございました。 ・・・（役員退出）・・・

1　簡潔な言い回しのシナリオ例です。各社の裁量により、より丁寧な言い回しをすることがあります。

2　役員に欠席者がいる場合には冒頭で断りを入れるのがよいでしょう（Q60）。また執行役員を同席させている場合は、断りを入れることがあります。

3　出席株主数の報告を議案の上程時に行う例もあります。

5 連結計算書類についての会計監査人の監査結果を監査役から報告する例と議長から報告する例があります。会社法上は取締役が報告することになっているため、監査役が報告した後で議長が「連結計算書類の監査結果は、ただいまの監査役の報告のとおりです」と追認する発言を入れることもあります（**Q2**）。

7 報告の最初または最後に、招集通知の発送後に発見された誤りを訂正することがあります（**Q8**）。

8 事前質問があるときは、質疑を受け付ける前に一括回答することがあります（**Q19**）。

一括上程方式の標準シナリオ（個別上程方式との相違点に下線を付した）

	司会	定刻となりました。社長、よろしくお願いします。
1 あいさつ	社長	おはようございます。 社長の○○でございます。本日はご多用中のところご出席賜りまして誠にありがとうございます。定款第○条の定めに基づき、私が議長を務めさせていただきます。どうぞよろしくお願い申し上げます。
2 開会	社長	それでは当社第○回定時株主総会を開催いたします。 本総会の議事の進行につきましては、議長である私の指示に従っていただきますよう、ご理解とご協力のほどよろしくお願い申し上げます。 また、株主の皆さまからのご質問その他のご発言につきましては、私からの報告事項のご報告および決議事項の上程の後に承りますので、よろしくお願い申し上げます。 それでは、ご出席株主数・議決権数を事務局からご報告申し上げます。
3 出席株主数 報告	司会	本総会で議決権を有する株主様の数は、○名、その議決権の総数は○個でございます。このうち、ただ今までにご出席の株主様の数は、議決権行使書を提出の方を合わせまして、○名、その議決権の総数は、○個でございます。
4 定足数 報告	社長	ただいまの報告のとおり、本総会においては、各議案を審議するのに必要な定足数を充たしております。

5 監査報告 指示	社長	それでは、事業報告等の内容報告に先立ち、監査役より監査報告をお願いします。また、連結計算書類にかかる会計監査人および監査役会の監査結果についても、監査役から報告をお願いします。
6 監査報告	監査役	常勤監査役の○○でございます。 当社の監査役会は、各監査役より、監査の方法と結果の報告を受け、審議いたしました。その結果を私からご報告申し上げます。 ・・・（監査報告）・・・ ・・・（連結計算書類の監査結果報告）・・・ 以上ご報告申し上げました。
7 報告事項 報告	社長	引き続き報告事項についてご説明をさせていただきます。 平成○年4月1日から平成○年3月31日までの第○期事業報告、連結計算書類および計算書類の内容につきましては、招集通知○頁から○頁に記載のとおりであります。 これからナレーションにより、これらの概要をご説明申し上げます。前方右手のスクリーンをご覧ください。
	ナレーション	第○期事業報告等の内容につき、ご説明申し上げます。 ・・・（ナレーションと映像による報告）・・・
8 決議事項 上程	議長	引き続きまして、決議事項であります、第1号議案から第○号議案を、招集通知○頁から○頁に記載のとおり上程いたします。その内容について、これよりご説明申し上げます。 第1号議案は「剰余金の処分の件」でございます。その内容といたしましては、…… ・・・（すべての議案について説明）・・・
9 質疑応答	社長	それでは、これから報告事項および決議事項に関するご質問をお受けし、その後、各議案について採決をいたしたいと存じます。 ご質問の際には、挙手をしていただき、私からの指名を待って、お手元の出席票番号とお名前をおっしゃってから、ご発言ください。 では、ご質問はございませんか。 はい、そちらの株主様、どうぞ。 ・・・（質疑応答）・・・

10 質疑終了	社長	ほかにご質問はございませんか。 ・・・（間を置く）・・・ それでは、ほかにご質問もないようですので、報告事項および決議事項に関する審議を終え、引き続きまして、議案の採決に移らせていただきます。
11 採決	社長	それでは、第1号議案「剰余金の処分の件」につき採決を行います。 本議案に賛成の株主様は、拍手をお願いいたします。 ・・・（拍手）・・・ ありがとうございます。議決権行使書を含め賛成多数と認めますので、第1号議案「剰余金の処分の件」は原案のとおり承認・可決されました。 ・・・（役員一同、座ったまま一礼）・・・
《繰り返し》		次に、第2号議案「取締役○名選任の件」につき採決を行います。 《以下、すべての議案の採決を繰り返す。》
12 閉会宣言	社長	以上をもちまして、本日の目的事項はすべて終了しましたので、本総会は閉会といたします。 本日はありがとうございました。
13 新任役員 紹介	社長	なお、この機会に新たに役員に選任されました○名をご紹介いたします。 ・・・（役員紹介）・・・
14 退出	社長	新任役員ともども、今後とも、当社にいっそうのご支援をいただきますよう、心よりお願い申し上げ、散会とさせていただきます。 本日はありがとうございました。 ・・・（役員退出）・・・

2　開会の後または9の質疑応答の開始に先立ち、議長が次のように述べて、一括審議方式で進めることについて議場に諮り、賛成を得る例もあります。

審議の方法についてお諮り申し上げます。審議の方法ですが、これより報告事項および決議事項のすべてについて、株主の皆さまからご質問その他のご発言をお受けしてご審議をいただき、審議が終了したのちは、決議事項について、順に採決のみを行いたいと存じます。このような進め方にご賛成いただける株主様は、拍手をお願いいたします。

34 第1編 株主総会の基本 第4章 議長の権限

第4章 議長の権限

　議長の秩序維持権・議事整理権の適切な行使は、総会の円滑な議事運営のために不可欠です。議長の言い回し1つで、会場の雰囲気ががらりと変わります。議長としては、審議の充実に意を砕いていることが議場に伝わる采配を心がけたいところです。

1 秩序維持権・議事整理権

　総会の議事運営を適正に保つため、議長は、株主総会の秩序を維持し、議事を整理する権限を有しています（法315条1項）。これは主として次の意味を有しています。

I 不規則発言の制止

　第1に、議長は、株主の不規則発言や、株主の不穏な歩き回りを制止することができます。株主に対し、「株主様、不規則発言はおやめください。」「ご発言は指名されてからお願いいたします。」「席にお戻りください。」と呼びかけ、指示に従わなければ警告の上退場命令を発することもできます（Q58、79）。

　株主に悪意がないときは、議場の雰囲気を壊さない言い方を心がけたいところです。反面、悪意を持った株主に対しては、毅然とした言い方をすることが来場者全体の評価の向上につながります。ポイントは、議場の雰囲気を察し、議場を味方につけることです。総会の議事采配に慣れたベテランの議長は、自分の個性を生かしながら、場面に応じて、笑顔で答えたり、困った顔をしたり、無表情を装ったりすることで、議場の雰囲気を巧みにコントロールしています。

II 発言時期の制限

　第2に、議長は、株主に対して発言を合理的な時期に制限することができます。総会の冒頭で、議長が「株主の皆さまからのご質問等のご発言につきま

しては、報告事項の報告および議案の説明の後に承りますので、よろしくお願い申し上げます。」と述べるのはその一例です。これにより、議長は、株主から発言があっても動議があっても、これを無視し、あるいは制止して、報告段階のシナリオを読み進めることができます。

Ⅲ　指名の自由

　第3に、議長は、審議段階において、発言を希望する株主の中から指名する株主を自らの裁量で決めることができます。株主から「こっちを指名してよ。」などといわれても、それに従う必要はありません。もちろん、議場の雰囲気を察して、強く指名を求める者を指名してもかまいません。

Ⅳ　質問数、発言時間の制限

　第4に、議長は、1人の株主の質問の数を、合理的な範囲に制限することができます。来場者の多い総会では、「1人1問」「1人2問」「1度に1人2問」などに制限している例が見られます（**Q65**）。総会も会議である以上、合理的な開催時間はおのずと決まっています。そのような限られた時間の中で、より多くの株主の発言を受け付けることが、多様な質問や意見を総会の場に出し、審議の充実につながると考えられます。

　また、議長は、1人の株主の長時間にわたる質問を、合理的な長さに制限できます（**Q74**）。これも審議の充実のためです。ただし近時の傾向として、総会での発言に慣れていない一般株主が増加しているため、この点を厳しく運用すると、議場の雰囲気を壊すことがあります。株主の発言が、総会を妨害する悪意に出たものであるか、真摯な意図に出たものであるかを見極め、議場の雰囲気を察して、メリハリをつけた議事整理を心がけたいところです。

　その他、議事整理に関するクレームや、いちゃもんの類の発言があっても、議長としては「議事進行につきましては、議長である私にお任せくださるようお願いいたします。」などと述べれば足ります。

Ⅴ　審議（質疑応答）の打切り

　第5に、議長は、審議を合理的な時間で打ち切ることができます。ただし説明義務違反を起こさないよう、打切りのタイミングは事務局が議長に進言するかたちとする方がよいでしょう（**Q111**）。

36　第1編　株主総会の基本　第4章　議長の権限

Ⅵ　採決の方法の決定

　第6に、議長は、採決の方法を自ら決めることができます。多くの会社では、採決の方法に拍手を採用しています。取締役選任議案では、すべての候補者を一括して採決するのが一般であり、それで問題ありません。また、可決・否決の最終判断も議長に委ねられており、賛否の数や割合を発表する必要はありません。よって、総会に出席した株主が、投票等のより厳密な方法で議場の賛否を数えるべきだといったり、候補者ごとに採決をするべきだといったり、賛否の結果を明らかにするべきだといっても、それに取り合う必要はありません（**Q112**、**115**）。

② 　退場命令

　議長は、議場の秩序維持の一環として、議長の命令に従わない者その他総会の秩序を乱す者を退場させることができます（法315条2項）。

　退場命令は、株主の基本的な権利である総会への参加の機会を奪うきわめて強力な手段ですので、議長は、特に慎重に運用する必要があります。議長の再三にわたる指示に従わず、退場の警告を受けてもまだ従わない場合に、最後の手段として発令すべきでしょう。ただし、株主が役員や他の株主に危害を加えようとしているなどの切迫した危険があるときは、ただちに退場命令を発することも許されます（**Q79**）。

第5章　受付・事務局・会場係

　総会当日の受付は何をするところか。事務局の役割は何か。総会前あるいは総会中の会場係は何に留意するべきか。本章ではこの点を概括します。

1　受付

I　株主資格の確認

　総会は、株主を構成員とする会議です。そのため株主は総会への出席が保障されていなければならず、逆に、株主以外の者は総会に出席できません。総会の受付は、株主資格の確認をすることにより、①株主を総会場に入れ、②株主以外の者を総会場に入れない役割を果たします（Q46）。

　株主資格の確認は、議決権行使書によって行うのが一般です。会社は株主に対して議決権行使書を送付しているので、その議決権行使書を当日に持参した来場者は、株主だと推定するのです。この際に会社に提出する議決権行使書は、あくまで株主資格の確認のために用いるにすぎませんから、この議決権行使書の内容を、議案の賛否にカウントするわけではありません（議決権行使書による議決権行使は、総会の前日以前に締め切られています）。

　株主が議決権行使書を持参していれば、受付を担当する者が、株主から議決権行使書を受け取るのと引換えに出席票を渡して、株主を議場に通します。受付担当の裏では、出席した株主の議決権を議案の賛成割合を判定する分母に算入する処理を行います。証券代行機関がこの処理業務を行う会社が多いようです。

　一方、議決権行使書を持参しなかった来場者に対しては、名前や住所を申告してもらい、会社の株主名簿と照らし合わせて株主かどうかを確認します。株主名簿のデータを入れたパソコンで検索するのが一般的です。

　法人株主の資格確認方法については、会社ごとにポリシーを決める必要があります。また、コーポレートガバナンス・コードが実質株主（株主名簿上の株

主である信託銀行の背後にいる機関投資家等）の出席について言及したことから（補充原則1-2⑤）、その対応についても検討を行う必要があります（**Q48**）。

ほとんどの上場会社では、定款で、株主の代理人資格を株主に限っています。株主が他の株主の代理人になるのはよいが、株主でない者が株主の代理人になることはできない、ということです。そこで、来場者から「自分は代理人である。」との申告があったときは、来場者の株主資格と、代理を頼んだ本人の株主資格の両方を確認すべきこととなります（**Q47**）。

株主でない代理人（弁護士等）や、通訳・介助者、マスコミについては、入場の許否についてのポリシーを決める必要があります（**Q41**、**49**）。

総会途中の入退場者の管理も、受付の役割です（**Q50**）。

Ⅱ　持込み制限

総会の審議に必要のない物（ハンドマイク、スピーカー、ビラなど）は持込みを制限できます。持込み制限の一環として、少数ながら、所持品検査を行っている会社があります。

ホテルなどの貸会場ではクロークがあるので、傘やコートや手荷物はクロークに預かってもらうのがよいでしょう（**Q51～53**）。

Ⅲ　お土産

白書2015年版によると、約8割の会社が来場者にお土産を渡しています（**Q54**）。お土産目当てに来場する株主は多く、お土産の有無や内容が、総会への来場者数を増減させる要因となっています。

お土産を渡すタイミングは、総会の終了後とする会社と、受付時とする会社が半々です。本来、お土産は、総会に出席して審議に参加した株主に対し、帰り際に寸志として渡す性質のものであるように思われますが、そうすると、お土産狙いの株主が多数来場することになり、広い（つまりコストのかかる）議場を確保しなければならないことになります。

反面、受付時にお土産を渡すこととすれば、受付を済ませた株主が、総会に出席することなく、お土産だけをもらって帰ることができることになります。この結果、複数の会社の総会を渡り歩いてお土産だけを収集する株主を呼び込むこととなります。

このように、一般株主の増加に伴い、お土産の取扱いは近年の総会担当者にとって頭の痛い問題になってきています。お土産が自社商品のPRにつながる

場合にはよいのでしょうが、そうでなく、本来のお土産の趣旨を逸脱して会社の負担になっている場合には、取りやめや内容の変更なども含めて、お土産のあり方を再検討してもよいのではないかと思います。

② 事務局

　総会の事務局は、議長の議事進行を裏から支援するとともに、総会に携わるスタッフの司令塔の役割を果たします。

　事務局に入るスタッフは、総会担当の管理職（総務部長等）と、財務、営業・生産、法務等の各分野にそれぞれ明るい中堅幹部従業員と、弁護士であることが多いでしょう。各部署から選抜された百人単位の第二事務局を置き、議長の近くにいる第一事務局と通信でつなぎ、株主からの質問に対応している会社もあります。

　総会中の事務局の主な役割は、次のとおりです（**Q37**）。

① シナリオの重大な読み違え、読み飛ばしなどを議長に指摘する
② 総会への出席者・議決権数（定足数）の報告を行う
③ 事業報告で用いるスライドやナレーションの再生・停止を行う
④ 想定問答集を利用して、株主の質問に対する回答例を、議長や答弁担当役員に示す。議長や答弁担当役員の回答漏れがあれば、指摘する
⑤ 動議や不規則発言などのイレギュラー事象が生じたときに、それに対応するシナリオを議長に差し入れる
⑥ 質疑の時間を打ち切って採決に移行するタイミングを議長に進言する
⑦ その他、議長や答弁担当役員の疑問に随時答える

③ 会場係

　会場係は、広くとらえれば、次の３つに分かれます。

① 最寄り駅から総会場の建物まで案内する係
② 総会場の建物の中、かつ総会場の外で案内する係
③ 総会場の中で案内する係

　①の会場係の役割は、道端で「○○株式会社　定時株主総会」とのプラカードを掲げて、行き先を案内することです。

　②の会場係は、来場した株主を出迎える役割を果たします。会社の最初の

「顔」ですので、明るく大きな声で、はきはきと挨拶することが望まれます。各社の従業員の個性がよく出るところで、小売業の場合、会場係の話し方が、店頭での接客の口調とよく似ていたりします。

③の会場係は、総会が始まる前は、来場した株主を適切な席に誘導します。総会が始まった後は、議長の円滑な議事進行を補助するために、マイクの受渡しを行ったり、議長が気づいていない発言希望株主を合図で知らせたりします。議長が退場命令を出したときは、複数名で駆けつけて、非暴力的な手段で株主を退場させます（**Q42〜43**、**79**）。

第6章 総会と裁判

　総会にまつわる裁判には、総会後の裁判と総会前の裁判があります。前者には、決議取消訴訟、決議無効確認訴訟、決議不存在確認訴訟があります。後者には、総会開催禁止仮処分、議決権行使禁止仮処分があります。またこのような民事の裁判とは別に、利益供与罪等による刑事裁判があります。

1 決議取消訴訟

　決議取消訴訟は、株主が、違法な総会でなされた決議の取消しを求めるものです。取消判決が下ると、決議は遡って無効となります。通常の総会で、運営上のもっとも大きなリスクとなるのがこの決議取消訴訟です。

I 決議取消事由

　決議の取消原因となる違法を決議取消事由といいます。会社法は、次の3点が決議取消事由になるとしています（法831条1項）。

　① 総会の招集の手続または決議の方法が法令もしくは定款に違反し、または著しく不公正なとき

　② 総会の決議の内容が定款に違反するとき

　③ 総会の決議について特別の利害関係を有する者が議決権を行使したことによって、著しく不当な決議がされたとき

過去に裁判で争われた決議取消事由は①が多く、次のようなものがあります。

・株主の一部に招集通知の発送漏れがあった場合

・招集通知に記載不備があった場合

・株主でない者が決議に加わった場合

・株主を出席させなかった場合

・取締役等が説明義務を果たさなかった場合

・議長が議案修正動議を無視した場合

42 第1編 株主総会の基本 第6章 総会と裁判

・賛否の認定を誤って可決宣言した場合

Ⅱ 提訴期間

　決議取消訴訟は、決議の日から3か月以内に裁判所に訴えを起こす必要があります（法831条1項）。管轄裁判所は、会社の本店所在地を管轄する地方裁判所です（法835条）。提訴できるのは、株主のほか、取締役、監査役、指名委員会等設置会社における執行役です（法831条1項、828条2項1号）。

Ⅲ 裁量棄却

　総会の招集の手続または決議の方法が法令または定款に違反するときであっても、①その違反する事実が重大でなく、かつ、②決議に影響を及ぼさないものであるときは、裁判所は、決議取消しの訴えを棄却することができます（法831条2項）。手続的な瑕疵の場合、決議をやり直しても同じ結果に至ることが予想され、費用や労力をかけるだけ無駄である場合も想定されるためです。沿革的に裁量棄却と呼ばれていますが、裁判所の判断は、上記①②の要件を充たしているかどうかという観点からなされるものであって、裁判所に決議を取り消すかどうかの政策的な裁量が認められているわけではありません。

② 決議無効確認訴訟、決議不存在確認訴訟

　決議の内容が法令に違反する場合には、決議は無効であり、株主はそれを確認する訴訟を提起することができます（法830条2項）。また、総会の瑕疵の程度が著しく、もはや総会自体の存在を認めることができないときは、株主は総会決議の不存在を確認する訴訟を提起することができます（同条1項）。無効となる例としては、欠格事由（法331条）のある取締役を選任した場合、不存在となる例としては、平取締役が取締役会決議に基づかないで総会を招集した場合が挙げられます。

　上場会社では、事務局をはじめ多数の人が関わって準備を行い、招集通知を発した上で総会が開催されますので、決議が無効や不存在になることは通常想定しがたいといえます。

③ 株主総会開催禁止仮処分、議決権行使禁止仮処分

　株主総会開催禁止仮処分は、特定の総会の前に、株主等が当該総会の開催を禁止することを裁判所に求めるものです。会社の中で役員の地位をめぐり争いが生じている場合において、一方の陣営が総会を招集しようとしたときに、他方の陣営が、「相手陣営には総会を招集する法律上の権限がない。」などと主張して、株主総会開催禁止仮処分を求めるのが一例です。

　また、議決権行使禁止仮処分は、株主等が、特定の総会における特定の株主の議決権行使を禁止することを裁判所に求めるものです。株式の帰属（誰が株主であるか）や株式の発行（新株発行が有効か無効か）に争いがある場合に起こされることがあります。

④ 利益供与等

　会社は、誰に対しても、株主の権利の行使（たとえば総会における発言や議決権の行使等）に関し、自己また子会社の計算において、財産上の利益を供与してはならないとされています（法120条）。これに違反した取締役等や、利益供与を受けた者等は、3年以下の懲役または300万円以下の罰金に処せられます（法970条）。総会屋に対処するべく設けられたものです。

　また、株主等の権利の行使に関する贈収賄罪もあります（法968条）。

第7章　近時の動向

　最後に、総会をめぐる近時の動向について概観します。総会屋の時代が終わって久しく、「開かれた総会」が実務に定着しています。総会をいかに充実した株主との対話の場とするかが現代的な課題です。

1　コーポレートガバナンス・コード

　平成27年6月より、上場会社に対してコーポレートガバナンス・コードが適用されました。これにより、上場会社は、コーポレート・ガバナンス報告書において、各コードを実施するか（コンプライ）、実施しない場合にはその理由を明らかにすべき（エクスプレイン）こととなりました。

　コードは、基本原則・原則・補充原則の3段階で構成され、合計73個の原則から成ります。そのうち総会の運営に直接関連するコードは次のとおりです。

Ⅰ　反対票の分析

　補充原則1-1①は、総会において可決には至ったものの相当数の反対票が投じられた会社提案議案があったときは、反対の理由や反対票が多くなった原因の分析を行い、株主との対話その他の対応の要否について検討を行うべき旨をうたっています。可決か否決かという2区分で終わるのではなく、株主の投票行動の背景を探ることで、株主の意思を経営方針に生かすべきとの趣旨です。

Ⅱ　少数株主の権利行使への配慮

　補充原則1-1③は、少数株主の権利行使の確保には、課題や懸念が生じやすい面があることから、十分に配慮を行うべきである旨をうたっています。この補充原則によれば、株主が委任状勧誘をすべく株主名簿の閲覧謄写を請求した場合において、会社が対応を不当に遅延することは適切でないということに

Ⅲ　招集通知の早期発送、WEB 公表

補充原則 1-2 ②は、株主が総会議案の十分な検討期間を確保できるよう、招集通知の早期発送と発送前の WEB 公表をうたっています（Q11）。

招集通知を法定期限ぎりぎり（総会の 2 週間前）に発送している会社は、早期発送が検討課題となるでしょう。コード導入を機に、いっそうの早期発送に努めた会社も多くあります。ただ早期発送は、監査日程との関係から総会の 3 週間前が実務上の限界だという意見があります。

WEB 公表については、急速に採用例が増加しています。白書 2014 年版によれば、実施企業は 8.6％にすぎませんでしたが、白書 2015 年版では、42.4％に急増しています。招集通知の校了以後は開示することに特に不都合がないはずですので、今後も増えるものと思われます。

Ⅳ　総会の開催日

補充原則 1-2 ③は、株主との建設的な対話の充実やそのための正確な情報提供等の観点を考慮して、総会開催日をはじめとする総会関連日程の適切な設定をうたっています。集中日に総会を開催している会社は、再検討の余地があるでしょう。

なお、平成 27 年 4 月 23 日付で報告書が取りまとめられた経済産業省の「持続的成長に向けた企業と投資家の対話促進研究会」では、総会の議決権行使基準日を事業年度末としている現在の実務慣行を改め、3 月決算会社の総会を 6 月ではなく 7 月以降とすることが議論されています。

Ⅴ　議決権電子行使プラットフォーム、英訳

補充原則 1-2 ④は、株主における機関投資家や海外投資家の比率等をふまえて議決権電子行使プラットフォームの利用や招集通知の英訳を進めるべきとうたっています（Q12、32）。東証の調査によると、平成 27 年 3 月末の外国法人等の株式保有比率は、前年度比プラス 0.9 ポイントの 31.7％と 3 年連続の上昇となり、過去最高となりました（東証「2014 年度株式分布状況調査の調査結果について」（平成 27 年 6 月 18 日））。各社の株主構成をふまえ、対応を検討する必要があるでしょう。

Ⅵ　実質株主の出席

　補充原則 1-2 ⑤は、実質株主である機関投資家が株主名簿上の株主である信託銀行等に代わって自ら議決権の行使等を行うことをあらかじめ希望する場合に対応するため、上場会社は、信託銀行等と協議しつつ検討を行うべきとうたっています。ただしコードは、実質株主の出席を保障せよとまではいっていません。実質株主が総会に出席するには、名簿上の株主から委任状の付与を受けるなどの方策が考えられます。実質株主は、定款上は代理人の資格がないはずですが、現実の問題がないので特例として認めることになるのでしょう。また、出席ではなく傍聴のみを認めることや、別室でモニターを使って観覧してもらうという考えもあります（**Q26**、48）。

　いずれにしても事前に信託銀行等と協議を行っておく必要があります。

Ⅶ　その他

　コーポレートガバナンス・コードは、会社の持続的な成長と中長期的な企業価値の向上に向けた上場会社各社のコーポーレートガバナンスについての考え方を問うものです。その問題意識は、株主の問題意識とまさに共通です。よって、株主から、コーポレートガバナンス・コードに関連した質問は今後も続くものと思われます。とりわけ、「女性・外国人・ダイバーシティ」「取締役会の適切な構成」「社外取締役・独立役員」「経営陣の監督のあり方」「役員報酬」「ROE」あたりは、株主の関心の高いキーワードになるでしょう。

② 会社法改正

　平成 26 年に会社法が改正され、平成 27 年 5 月 1 日より施行されました。改正事項は多岐にわたりますが、総会との関係では以下の点に留意が必要です。

Ⅰ　招集通知（事業報告・株主総会参考書類・監査報告）の記載の拡充

　改正会社法および関係省令により、招集通知（事業報告・株主総会参考書類・監査報告）に記載する事項が増えました（**Q2**、6）。

　まず、改正により、内部統制システムに盛り込むべき事項の中に、監査役の監査を支える体制に関する事項や、子会社を含めた企業グループの内部統制に関する事項が含まれる旨が明確化・具体化されました（施 100 条）。内部統制システムの概要は、事業報告に盛り込むべき事項ですので、事業報告の記載事

項が増えることとなります。これに関連し、内部統制システムの「運用状況の概要」が新たに事業報告の記載事項となりました（施118条2号）。

　また、親会社のほかに親会社に相当するような個人の大株主を含む概念として「親会社等」との概念が創設されたほか、親会社等の役員は子会社の社外役員に就任できなくなるなど社外役員の要件が厳格化されました。これに伴い、株主総会参考書類上や事業報告上の社外役員に関する開示事項が変更されています（施74条3項・4項、76条3項・4項、124条1項3号・7号等）。

　さらに、親会社等のある上場会社は、親会社等との取引について、利益相反性に着目した一定の事項を事業報告に記載すべきことになりました（施118条5号）。この事項は、監査役・監査役会の監査報告の記載事項でもあります（施129条1項6号、130条2項3号）。このほか、いわゆる多重代表訴訟制度が創設されたことに伴い、事業報告に多重代表訴訟の対象となる子会社（特定完全子会社）の記載が必要となりました（施118条4号）。

　改正により、会計監査人の選解任に関する議案の決定権が取締役会から監査役会に移ったため（法344条）、会計監査人の解任・不再任方針（施126条4号）の再検討が必要です。また、監査役会が会計監査人の報酬等に同意した理由が新たに事業報告の記載事項となっています（同条2号）。

　以上のほか、議案ごとの株主総会参考書類の記載事項にも、おおむね記載が拡充する方向で変更が加えられています。

　なお、以上の説明は監査役会設置会社を想定したものですが、監査等委員会設置会社や指名委員会等設置会社についても同様の改正が行われています。

Ⅱ　WEB開示の対象事項の拡大

　改正により、WEB開示を行うことのできる範囲が大幅に拡大しました（施94条、133条、計133条、144条）。これにより各社は、よりメリハリの効いた招集通知を作成できるようになります（**Q7**）。

Ⅲ　社外取締役を置くことが相当でない理由の説明

　改正により、社外取締役を選任していない上場会社は、総会において、社外取締役を置くことが相当でない理由を説明しなければならないこととなりました（法327条の2）。また、その理由は事業報告および株主総会参考書類にも記載すべきことになりました（施124条2項・3項、74条の2）。「置く必要がない理由」ではなく、「置くことが相当でない理由」、すなわち社外取締役を置

くことがその会社にマイナスの影響を及ぼすというような事情の説明が求められます。この説明は事実上困難であり、各社で社外取締役の選任が急速に進みました。東証によれば、平成27年7月14日の時点で、社外取締役を選任した東証一部上場企業は94.3%に達しています（東証「東証上場会社における社外取締役の選任状況＜確報＞」（平成27年7月29日））。

③ 機関投資家・議決権行使助言会社

　平成26年2月に日本版スチュワードシップ・コード（「責任ある機関投資家」の諸原則）が導入されました。その第5原則で、機関投資家は議決権の行使と行使結果の公表について明確な方針を持つべきことがうたわれており、機関投資家が議決権行使の基準や方針を公表するようになっています。機関投資家の議決権行使基準は、各社に共通する部分もありますが、異なっている部分が少なくありません。特に、海外の機関投資家と国内の機関投資家とでは、行使基準の目線が異なっています。

　株主に占める機関投資家の比率や機関投資家の属性は、各社によって異なりますから、各社において、大株主である機関投資家の議決権行使基準を確認する必要があります。その上で、基準に抵触する可能性のある議案を提案するときは、機関投資家の理解が得られるよう丁寧な説明を行う必要があります。たとえば、機関投資家の多くは、社外役員について会社法上の「社外」の要件とは別に、「独立性」の基準を設けています。社外役員がメインバンクや主要取引先の出身者でないことなどです。この独立性基準に抵触する議案を提案すると、機関投資家の賛成率が低下する傾向にあります。また、一定の基準を下回る業績の続く会社の経営トップに反対票を投じる機関投資家や、社外役員の就任年数に上限を設ける機関投資家もあります。

　また、機関投資家は、事業報告や株主総会参考書類の記載を読んで投票行動を起こすため、事業報告や株主総会参考書類には、法律上求められている最小限の事項だけでなく、機関投資家の注目する事項を盛り込むことが望ましいといえます。先の社外役員の独立性についていえば、株主総会参考書類に「当社と○○氏との取引規模は僅少」と定性的に書くのではなく「連結売上高の○％未満」などと定量的に記載するのはその一例です。

　なお、大株主である機関投資家が誰であるか、株主判明調査を行うこともあります（**Q26**）。

議決権行使助言会社は、とりわけ海外の機関投資家への強い影響力があります。平成27年より大手の助言会社が、ROEが5％を下回る会社の経営トップの選任議案に反対を推奨する助言方針をとり、注目を集めました。平成28年からは、社外取締役が複数いない会社の経営トップの選任議案に反対を推奨することを表明しています（Q27）。

④ 一般株主の増加、質問の増加

すでに見てきたとおり、総会の常連でない一般株主が、総会に来場することが増えています。来場した一般株主が躊躇なく質問することも増えています。白書2015年版によると、株主の質問がなかった会社は26.1％にとどまっており、年々減少しています。

一般株主は、会社の商品・サービスを詳しく尋ねる者、アナリストのように経営や財務指標に斬り込んだ発言をする者、自己の経験に照らした大所高所からの意見を述べる者、総会についての初歩的な質問をする者、会社のOB・OGで内部者らしい質問をする者などさまざまです。おしなべて真面目な動機で質問していることが多いといえます。ただ、総会の目的事項からすれば的の外れた内容になっていることも少なからずあります。

議長としては、総会を充実した株主との対話の場とすべく、真面目な質問には真面目に答え、発言している株主の個人的な興味としか考えられない細かな質問には議場の雰囲気を壊さない程度にメリハリの効いた議事整理をすることが望まれます。

⑤ 監査等委員会設置会社への移行

平成26年会社法改正で新たに選択できるようになった、監査等委員会設置会社への移行を表明する会社が相次いでいます。

監査等委員会設置会社は、監査等委員たる取締役が会社の内部監査部門を活用するなどして監査を行う代わりに、監査役を置かないこととする機関設計です（法399条の2以下）。監査役は、日本独自の機関であるため、海外機関投資家の理解が進まない弱みがあります。代表取締役を解任する権限（取締役会での議決権）が監査役にないことから、海外機関投資家から見ると、代表取締役が暴走したときの歯止め役にならないのではないかとの疑問があるのです。

監査等委員は、取締役なので、監査役と違って取締役会での議決権があります。そのため、監査等委員会設置会社は、こうした海外機関投資家から見て、ガバナンスの強化に見える可能性があります。また、コーポレートガバナンス・コードは、独立社外取締役を複数名選任することを提言しており（原則4-8）、監査役会設置会社がこのコードを遵守するには、最低でも取締役2名と監査役2名の合計4名の社外役員が必要となります（会社法上、監査役会は最低3名でその半数以上が社外監査役である必要があります。法335条3項）。監査等委員会設置会社への移行は、社外役員の重複感を感じる会社にとっての1つの対応策となりえます。また、監査等委員会設置会社は、定款で定めることにより、会社の業務執行を大幅に取締役に委任できるメリットがあります（法399条の13第6項）。これにより、経営の機動力の向上を期待できます。

他方で、監査役がいなくなることにより、これまで培われてきた監査実務がうまく機能しなくなり、かえってガバナンスが弱まるのではないかとの懸念も指摘されています。

6 買収防衛策

平成18年から平成20年にかけて急速に普及した買収防衛策は、廃止する会社が次第に増えており、転換期を迎えています。ピーク時には採用社数が550社を超えていましたが、平成27年6月末時点では500社を割り込んでいます。

買収防衛策の導入議案は、機関投資家の強い反対を受ける議案の筆頭に挙げられます。可決が見通せず、招集通知の発送後に議案の撤回（Q10）をした会社や、総会で否決に至った会社もあります。買収防衛策を新規導入・更新する場合には、その会社独自の必要性と相当性について、綿密な説明が必要となっているといえます。

第2編

株主総会の実務Q&A

第1章　総会準備の実務

① 総会の決議事項・報告事項

Q1　総会の決議の種類と上場会社における総会の決議事項

　総会の決議にはどのような種類がありますか。上場会社の総会において決議できる事項について教えてください。

1　株主総会の決議の種類

　総会の決議は多数決で行われます。決議の種類としては、①普通決議、②特別決議、③特殊決議、④書面決議があります。

　(1)　普通決議

　会社法および定款に特別の要件が定められていない決議で、議決権を行使することができる株主の議決権の過半数を有する株主が出席し（定足数）、出席した株主の議決権の過半数の賛成によって成立する決議です。ただし、普通決議の定足数は定款で変更できるため、多くの会社では、定款で定足数を排除し、出席した株主の議決権の過半数の賛成により決議が成立する旨を定めています。もっとも、取締役の選任・解任や監査役の選任（監査役の解任の決議は特別決議です（法309条2項7号、343条4項））の決議については、取締役や監査役の地位の重要性に鑑みて、多数の株主の意思が決議に反映されることが望ましいことから、議決権を行使することのできる株主の3分の1未満に定足数を引き下げることはできません（法341条）。

　(2)　特別決議

　定款変更や合併等の組織再編のような一定の重要な事項について決議するには、議決権を行使することができる株主の議決権の過半数を有する株主が出席し（定足数）、出席した株主の議決権の3分の2以上の賛成による特別決議が必要とされます。特別決議の定足数は、定款で、議決権を行使することができ

る株主の議決権の3分の1までは引き下げることができることから（法309条2項）、ほとんどの上場会社では定足数を議決権を行使することができる株主の議決権の3分の1まで引き下げています。

(3) 特殊決議

総会の決議の成立に特別決議よりも厳重な要件が要求される決議です。特殊決議には、①議決権を行使することができる株主の半数（頭数）以上（これを上回る割合を定款で定めることも可）で、かつ、当該株主の議決権の3分の2（これを上回る割合を定款で定めることも可）以上の賛成による決議が必要とされるもの（法309条3項）と、②総株主の半数（頭数）以上（これを上回る割合を定款で定めることも可）で、かつ、総株主の議決権の4分の3（これを上回る割合を定款で定めることも可）以上の賛成による決議が必要とされるものがあります（同条4項）。前者の例としては、定款変更により株式の全部を譲渡制限株式とする場合などが、後者としては、剰余金の配当や総会の議決権などについて株主ごとに異なる取扱いを行う旨の定款の変更を行う場合が挙げられます。なお、特殊決議は上場会社では想定されません。

(4) 書面決議

以上の決議のほか、議決権を行使できる株主全員が書面などで取締役または株主の提案に同意した場合には、その提案を可決する総会の決議があったものとみなすことにより、総会の決議を省略する書面決議の方法が認められています（法319条1項）。なお、書面決議も上場会社では想定されません。

2 上場会社における総会決議事項

上場会社では、会社の重要な業務執行の決定は、総会ではなく、株主から経営を委ねられた経営の専門家である取締役によって構成される取締役会が行うことが想定されています。そのため、総会で決議できる事項は、会社法に規定する事項および定款で定めた事項に限られます（法295条2項）。具体的には、以下のようなものが挙げられます。

①　定款変更や合併などの組織再編のように会社の基礎に根本的な変動を生ずる事項

②　取締役や監査役などの会社の機関の選任・解任に関する事項

③　剰余金の処分など株主の重要な利益に関する事項

④　計算書類の承認など会社の計算に関する事項

⑤　取締役等の報酬など取締役などに決定を委ねると株主の利益が害される事項

ただし、上場会社では、④は決議事項ではなく、報告事項とされるのが通例です（3頁および**Q2**参照）。また、定款で定めれば、これら以外の事項（買収防衛策の発動など）でも、総会の決議事項とすることができます（法295条2項。なお、総会での議案の上程の方式については20頁を、採決の方法については**Q112**を参照してください）。

決議の種類ごとの主な決議事項は以下のとおりです。

① 普通決議

・取締役および監査役の選任（法329条1項）

・補欠監査役の選任（法329条3項）

・会計監査人の選任・解任（法329条1項）

・取締役の解任（法341条。ただし、監査等委員会設置会社における監査等委員である取締役の解任は特別決議（法309条2項7号））

・計算書類の承認（法438条2項）

・剰余金の処分・配当（法452条、454条）

・取締役および監査役の報酬額の決定（法361条、387条）

・自己株式の取得（法156条）（市場取引・公開買付によらずに、全株主から申込みを募る場合）

・法定準備金（資本準備金・利益準備金）の額の減少（法448条）

② 特別決議

・定款変更（法466条、309条2項11号）

・合併（法783条1項、795条1項、804条1項、309条2項12号）

・会社分割（法783条1項、795条1項、804条1項、309条2項12号）

・株式交換（法783条1項、795条1項、309条2項12号）

・株式移転（法804条1項、309条2項12号）

・事業譲渡の承認（法467条、309条2項11号）

・取締役・監査役・会計監査人の会社に対する損害賠償責任の軽減（法425条1項、309条2項8号）

・監査役の解任（法343条4項、309条2項7号）

・募集株式の有利発行（法199条2項、309条2項5号）

・会社の解散（法471条3号、309条2項11号）

Q2　定時総会での報告事項

　上場会社の定時総会ではどのような事項を報告する必要がありますか。連結
計算書類の監査結果は実務上どのように報告されていますか。

1　報告が必要となる理由

　株式会社は、株主から出資を受け、その資金を元手に事業を行い、それに
よって得られた利益を株主に分配することを目的としています。株式会社は、
株主から預かった資金を運用して事業を行うことから、株主に対し、その資金
をどのような経済活動によって運用し、それによりどれだけの利益や損失が生
じたかを報告しなければなりません。

2　取締役による事業報告

　そのため、取締役は、定時総会で、会社の状況に関する重要な事項などを記
載した各事業年度にかかる事業報告を作成し、その内容を報告する必要があり
ます（法438条3項）。事業報告には、次のような事項を記載する必要があり
ます（施118条～126条）

① 　事業内容や事業の経過およびその成果などの会社の現況に関する事項
（施119条1号、120条）

② 　会社役員の氏名や地位、担当、報酬などの会社役員に関する事項（施
119条2号、121条）、重要な兼職などの社外役員等に関する事項（施124
条）

③ 　大株主の氏名、保有株数などの株式に関する事項（施119条3号、122
条）

④ 　役員が新株予約権等を有している場合の当該新株予約権等の内容の概要
等の新株予約権等に関する事項（施119条4号、123条）

⑤ 　会計監査人の名称や報酬などの会計監査人に関する事項（施126条）

⑥ 　業務の適正を確保するために必要な体制の整備についての決定または決
議の内容の概要および当該体制の運用状況の概要（施118条2号）

⑦ 　会社の財務および事業の方針の決定を支配する者のあり方に関する基本
方針を定めているときは、当該基本方針の内容の概要およびそれに基づく
取組みの具体的な内容の概要など（施118条3号）

⑧ 　特定完全子会社がある場合の特定完全子会社の名称、住所、帳簿価額の
合計額など（施118条4号）

56　第2編　株主総会の実務Q&A　第1章　総会準備の実務

⑨　親会社等との一定の利益相反取引が当該株式会社の利益を害さないかどうかについての取締役の判断およびその理由など（施118条5号）

3　取締役による計算書類の報告（承認）、連結計算書類の報告およびその監査結果の報告

　株式会社の財産や損益の状況は株主にとって最大の関心事です。そのため、取締役はそれらを示した計算書類（貸借対照表、損益計算書、株主資本等変動計算書、個別注記表）およびその附属明細書を作成し、そのうち計算書類を定時総会に提出して承認を得なければなりません（法438条2項）。もっとも、上場会社の場合、計算書類の内容が複雑であり、総会で承認するのには適さないことから、会計監査報告に無限定適正意見が含まれているなど計算書類の内容の正しさが担保されている場合（計135条）には、計算書類の内容を定時総会に報告すれば足ります（法439条）。

　上場会社の場合には、計算書類に加え、連結計算書類を定時総会に提出してその内容を報告し、連結計算書類についての監査役および会計監査人の監査の結果を報告する必要があります（法444条7項・4項）。

4　連結計算書類の監査結果の報告の仕方

　連結計算書類の監査結果は取締役が報告するものとされていますが（法444条7項）、実務上は、議長の議事整理権に基づいて、その全部または一部を監査役に委ねるのが通例です。具体的には、①監査役に監査役会の監査結果の報告のみを委ね、会計監査人の監査結果の報告は議長が行うケースと、②監査役に監査役会の監査結果と会計監査人の監査結果の双方の報告を委ねるケースがあります。①の場合のシナリオの例は以下のようになります（②のケースは29、32頁を参照してください）。

議長：次に、報告事項および議案の審議に先立ちまして、監査役から、監査報告をお願いいたします。
　あわせて、連結計算書類の監査結果についても、監査役から報告をお願いします。
　（監査役全員　起立して　一礼）
常勤監査役：私は常勤監査役の○○でございます。
　当社の監査役会は、各監査役から監査の方法と結果を記載した監査報告書の提出を受け、その内容を審議いたしました。その結果、監査役全員の意見が一致いたしましたので、その内容につきまして、私からご報告申し上げます。
　（以下、報告）
　（報告終了後、監査役全員着席）

議長：ありがとうございました。なお、連結計算書類にかかる会計監査人の監査結果につきましては、お手許の招集ご通知○頁掲載の会計監査人の監査報告書の謄本に記載のとおり、法令、定款に従い企業集団の財産および損益の状況を正しく表示しているとの報告を受けております。

5　監査役による報告

　監査役は、取締役が総会（定時総会に限りません）に提出しようとする議案などを調査し、法令もしくは定款に違反し、または著しく不当な事項がある場合には、その調査の結果を総会に報告しなければなりません（法384条）。会社法上、監査役に報告義務が課されるのは、議案などが法令もしくは定款に違反し、または著しく不当な事項がある場合に限られていますが、定時総会では、そのような場合に限らず、監査役による監査報告が行われる慣行が定着しています。白書2015年版によれば、定時総会の招集に際して株主に提供される監査報告（法437条）の記載の範囲で監査報告をした会社が67.0％、監査報告の記載の範囲に加え、議案等の適法性についても言及した会社が32.6％あります。

　また、白書2015年版によると、監査報告が行われる時点としては、報告事項の報告の前に行ったとする会社が93.0％と最も多いようです。これは、計算書類が報告事項となるのは、監査役の適法意見があることが前提となるので、報告事項の報告前に監査報告をしておくのが落ち着きがよいとの判断をする会社が多いからだと思われます。

②　スケジュール

Q3　スケジュール

定時総会に関係する諸手続の標準的なスケジュールを教えてください。

　定時総会前後のスケジュールは、会計監査人や監査役の監査期限、招集通知の発送期間などに配慮しつつ、決定します。

　3月決算の上場会社（監査役会設置会社）のスケジュール例は、概要、次のとおりです。

58　第2編　株主総会の実務Q&A　第1章　総会準備の実務

日程		主要な手続・項目	備考	関連Q
3月初旬～中旬		・基準日公告	Ⓐの2週間前までに公告（法124条3項）定款に基準日などについて定めがある場合は不要（同項ただし書）	Q9
3月31日	Ⓐ	・事業年度末 ・基準日		Q9
4月初め		・総株主通知の受領、株主の確定		
4月中旬		・取締役による計算書類および事業報告ならびに附属明細書、連結計算書類の提出		
	Ⓑ	・取締役→監査役：計算書類（附属明細書）、事業報告（附属明細書）、連結計算書類	法436条2項1号・2号、444条4項、計125条	
	Ⓒ	・取締役→会計監査人：計算書類（附属明細書）、連結計算書類	法436条2項1号、444条4項、計125条	
4月下旬		・株主提案権（議題提案権、議案要領通知請求権）行使期限	総会の日（Ⓕ）の8週間前（法303条2項、305条1項）	Q13
5月中旬		・会計監査人による特定取締役（計130条4項）および特定監査役（同条5項2号）に対する会計監査報告の内容の通知		
	Ⓓ	・計算書類および附属明細書に関する会計監査報告書の内容の通知	計算書類を受領した日（Ⓒ）から4週間を経過した日までに通知（計130条1項1号イ）	
	Ⓔ	・連結計算書類に関する会計監査報告書の内容の通知	連結計算書類を受領した日（Ⓒ）から4週間を経過した日までに通知（計130条1項3号）	

	・特定監査役による監査役会の監査報告の内容の通知		
	・特定監査役（施132条5項2号）→特定取締役（同条4項）：事業報告（附属明細書）の監査報告の内容の通知	事業報告を受領した日（Ⓑ）から4週間を経過した日までに通知（施132条1項1号イ）	
5月中旬	・特定監査役（計130条5項2号）→特定取締役（同条4項）および会計監査人：計算書類および附属明細書に関する監査役会の監査報告の内容の通知	会計監査報告を受領した日（Ⓓ）から1週間を経過した日までに通知（計132条1項1号イ）	
	・特定監査役（計130条5項2号）→特定取締役（同条4項）および会計監査人：連結計算書類に関する監査役会の監査報告書の内容の通知	会計監査報告を受領した日（Ⓔ）から1週間を経過した日までに通知（計132条1項2号）	
5月中旬	・取締役会（決算取締役会）		
	・監査後の計算書類および事業報告ならびに附属明細書、連結計算書類の承認	法436条3項、444条5項	
	・株主総会招集決定（議案の決定など）	法298条	Q5
	・決算発表		
6月上旬〜中旬	・招集通知（株主総会参考書類、議決権行使書、事業報告、計算書類、連結計算書類、監査役会の監査報告、会計監査人の会計監査報告）発送	総会の日（Ⓕ）の2週間前までに発送（法299条1項、301条、437条、444条6項）	Q6
	・招集通知のWEB公表		Q11

		・電磁的方法により招集通知を証券取引所へ提出		
		・計算書類および事業報告ならびに附属明細書、監査報告、会計監査報告の本店（5年間）および支店（写し）（3年間）での備置き	総会の日（Ｆ）の2週間前の日から備置き（法442条1項・2項）	
		・役員退職慰労金支給規程の本店での備置き（施82条2項、84条2項）（退職慰労金支給議案がある場合）	総会の日（Ｆ）の2週間前の日から備置き	Q104 (7)
6月下旬		・議決権の不統一行使の通知期限	総会の日（Ｆ）の日の3日前までに通知（法313条2項）	
6月下旬		・議決権行使書提出期限 ・電子投票の期限	総会の日時（Ｆ）の直前の営業時間の終了時（法311条1項、312条1項、施69条、70条。なお施63条3号ロ・ハに留意）	Q30
	Ｆ	・定時株主総会	集中日は、①最終営業日の1日前の日、②①が月曜日の場合、前週の金曜日	
6月下旬		・取締役会（代表取締役、業務執行取締役の選定など）	定時株主総会終了後	Q122
		・監査役会（常勤監査役の選定、監査方法、報酬等の協議など）	定時株主総会終了後	Q122
		・決議通知・配当金支払関係書類発送	定時株主総会終了後	Q122
		・株主総会議事録作成・本店（10年間）および支店（写し）（5年間）での備置き、議決権行使書など、委任状などの備置き（3か月間）	法318条、311条3項、312条4項、310条6項	Q122、123

		・有価証券報告書・確認書・内部統制報告書提出（EDINET）	金商法 24 条、24 条の 4 の 2、24 条の 4 の 4	Q122
6 月下旬〜7 月初旬		・臨時報告書の提出（議決権行使結果の開示）（EDINET）	決議後遅滞なく提出（金商法 24 条の 5 第 4 項）	Q112、122
6 月下旬〜7 月初旬		・決算公告	定時株主総会終結後遅滞なく公告（法 440 条、939 条、計 136 条〜148 条）ただし、有価証券報告書提出会社は不要（法 440 条 4 項）	
9 月下旬		・決議取消訴訟提訴期限	総会の日（Ⓕ）から 3 か月以内（法 831 条 1 項）	

③ 前年の総会の振返り

Q4 総会の振返り

総会の準備に当たり、前年の総会を振り返るポイントとしてはどのような事項が考えられますか。

前年の総会を振り返るに当たっては、総会当日の議事進行を振り返るのはもちろんですが（ポイントはリハーサルでチェックすべき事項と共通です。Q24 参照）、その前後の作業についても振り返るのが有益です。具体的には以下のような事項が考えられます。

① 招集通知の作成、校正作業に改善すべき点はなかったか（十分な校正期間が確保されていたか、可能な範囲で複数の部門の者を校正に関与させたかなど）

② 招集通知を修正した場合、校正作業の過程に問題はなかったか

③ 最寄駅から総会場までの誘導はわかりやすかったか

④ 総会場の座席数は出席株主数との関係で適切であったか（総会場のレイアウトを変更する必要はないか）

⑤ 受付作業に滞りはなかったか

62　第2編　株主総会の実務Q&A　第1章　総会準備の実務

⑥　株主の入場時や着席時または退席時に混乱はなかったか

⑦　総会の質疑応答における議長や答弁担当役員の回答について株主から不満の声はなかったか、また、不満を抱いたような様子は見受けられなかったか（回答に満足していなかったり、挙手をしているにもかかわらず、最後まで指名されなかった株主がいなかったかなど）、仮にあったとすれば、その理由はどこにあるのか

⑧　会社提案の議案に反対した株主の比率は高くなかったか（高かった場合、次の総会の前に、反対した株主（機関投資家など）に対し、会社の考え方や方針を説明し、議案に対する理解を求める必要はないかなど）

以上のようなポイントを列挙したチェックシートを用意して、毎年、うまくいった点、反省・改善すべき点をそれぞれチェックすると同時に、その具体的な内容を記載しておけば、来るべき総会に備える必要のあるポイントを効率的に把握することができるでしょう。

4　招集の決定と招集通知の作成

Q5　招集に当たり決定すべき事項

総会を招集する際に、取締役会において決定しなければならない事項について教えてください。

総会を招集する場合、取締役会は以下の事項を定めなければなりません（法298条1項・4項）。

1　総会の日時および場所（法298条1項1号）

招集に当たっては当然のことながら、総会の日時および場所を決定しなければなりません。

会社法では、総会の開催場所に関する規制は置かれていません。そのため、定款に別段の定めを置かない限り、株主の分布状況などに鑑みて開催場所を定めることができます。ただし、その場所が過去に開催された総会のいずれの場所とも著しく離れた場所である場合には、その場所が定款に定められたものである場合などを除き、その場所を決定した理由を定める必要があります（施63条2号。Q33）。

また、定時総会を前年の定時総会の日に応答する日と著しく離れた日（たと

えば、前年の総会の日よりも1か月以上遅れて開催するなど）に開催する場合には、その日時とした理由を定める必要があります（施63条1号イ）。

さらに、特に理由があって、定時総会を開催する他の株式会社が著しく多い日（集中日）に開催する場合にはその理由を定める必要があります（施63条1号ロ）。もっとも、理由を記載する必要があるのは、特に理由がある場合に限られていますので、総会の日が、たまたま集中日に当たる場合には、理由を記載する必要はありません。

2 総会の目的事項（法298条1項2号）

取締役会設置会社の総会では、取締役会が定めた会議の目的事項以外の事項について決議することができないことから（法309条5項、298条1項2号）、目的事項を必ず定めなければなりません。総会の目的事項には、報告事項（事業報告、計算書類の報告、連結計算書類の報告およびその監査結果の報告）、決議事項があります（**Q1**、2参照）。

3 総会に出席しない株主が書面によって議決権を行使すること（書面投票）ができることとする場合にはその旨

取締役会では、総会に出席しない株主が書面によって議決権を行使することができる旨を定めることができます。

ただし、株主（目的事項の全部について議決権を行使できない株主を除く）の数が1000人以上の会社の場合には議決権行使書によって議決権を行使する（書面投票）ことができることを定める必要があります。また、上場会社の場合は、株主の数が1000人未満の場合でも、書面投票が義務づけられます（東証・有価証券上場規程435条等。上場会社でも、取締役会が全株主に対して委任状の勧誘（**Q16**）を行う場合は除きます（法298条2項、施64条））。

この場合、株主は、書面または総会への出席という2種類の方法で議決権を行使することができます。また、取締役会が後述4の事項を決定すれば、電磁的方法によっても議決権を行使すること（電子投票）ができます。

4 株主総会に出席しない株主が電磁的方法によって議決権を行使すること（電子投票）ができることとする場合にはその旨

取締役会では、総会に出席しない株主が電磁的方法によって議決権を行使すること（電子投票）ができる旨を定めることができます。なお、前述3の場合と異なり、株主の数が1000人以上の会社や上場会社の場合でも、この制度を採用するかは取締役会の任意の選択に委ねられます。

64　第２編　株主総会の実務Q&A　第１章　総会準備の実務

5　書面投票・電子投票制度を採用した場合の決定事項

　書面投票や電子投票を採用した場合、以下の事項を定める必要があります。

　なお、決定の際、決定した事項を次回以降の総会でも継続して適用する旨を
あわせて決議しておけば、次回以降、そのつど決議をすることを省略できます。

　①　議案などの株主総会参考書類に記載すべき事項（施63条３号イ）

　②　書面投票や電子投票による議決権行使の期限を定めるときはその期限
　　　（施63条３号ロ・ハ。なお、特に定めない場合には、総会の日時の直前の営業
　　　時間の終了時とされます（法311条１項、312条１項、施69条、70条）
　　　（**Q30**））

　白書2015年版によれば、議決権の行使期限を定める決議をした会社が
53.0％、特に決議をしていない会社が41.5％とされています。

　議決権行使の期限を定める場合も定めない場合も、議決権の行使の期限は議
決権行使書に記載しなければなりませんが（施66条１項４号）、招集通知に記
載すれば、議決権行使書に記載する必要はありません（同条４項）。実務上は
議決権行使書と招集通知のいずれにも記載することが多いようです。

　③　賛否の記載がない場合の取扱いを定める場合にはその事項（施63条３
　　　号ニ、66条１項２号）

　実務上は、賛否の記載がない場合には、会社提案の議案に対し、賛成の表示
があったものとするのが通例です。

　④　WEB開示（**Q7**）により株主総会参考書類に記載しないものとする事項
　　　（施63条３号ホ）

　⑤　重複して行使された議決権の行使の内容が異なる場合の取扱いに関する
　　　事項を定める場合にはその事項（施63条３号ヘ）（**Q31**）

　⑥　電磁的方法により招集通知を発することを承諾した株主の請求があった
　　　ときに議決権行使書を交付することとする場合はその旨（施63条４号イ、
　　　66条２項）

　⑦　重複して行使された書面投票と電子投票の内容が異なる場合の取扱いに
　　　関する事項を定める場合にはその事項（施63条４号ロ）（**Q31**）

　⑨　代理権の証明方法など代理人による議決権の行使に関する事項を定める
　　　場合にはその事項（施63条５号）

　⑩　議決権の不統一行使の通知の方法を定める場合の方法（施63条６号）

　⑪　書面投票や電子投票を定めない場合の議案の概要（施63条７号）

Q6　招集通知の作成

上場会社の総会の招集通知に記載すべき事項について教えてください。また、招集通知の作成に当たってはどのような点に留意すべきですか。

1　招集通知の記載事項と添付書類

① 狭義の招集通知

招集通知には、招集に当たって取締役会で決議した事項（Q5）を記載します（法299条4項。これらの事項が記載される招集通知を「狭義の招集通知」といいます）。

また、定時総会の招集の際には、狭義の招集通知とともに、株主に対し、以下の書類を提供する必要があります（以下の②～⑦の書類を狭義の招集通知とあわせて「広義の招集通知」といいます）。

② 事業報告（法437条）

事業報告の記載事項としては、概要、以下のものがあります（施118条～126条）。

- 事業内容や事業の経過およびその成果などの会社の現況に関する事項（施119条1号、120条）
- 会社役員の氏名や地位、担当、報酬などの会社役員に関する事項（施119条2号、121条）、重要な兼職などの社外役員等に関する事項（施124条）
- 大株主の氏名、保有株数などの株式に関する事項（施119条3号、122条）
- 役員が新株予約権等を有している場合の当該新株予約権等の内容の概要等の新株予約権等に関する事項（施119条4号、123条）
- 会計監査人の名称や報酬などの会計監査人に関する事項（施126条）
- 業務の適正を確保するために必要な体制（内部統制システム）の整備についての決議の内容の概要および当該体制の運用状況の概要（施118条2号）
- 会社の財務および事業の方針の決定を支配する者のあり方に関する基本方針を定めているときは、当該基本方針の内容の概要およびそれに基づく取組みの具体的な内容の概要など（施118条3号）
- 特定完全子会社がある場合の特定完全子会社の名称・住所、帳簿価額の合計額など（施118条4号）
- 親会社等との一定の利益相反取引が当該株式会社の利益を害さないかどう

かについての取締役の判断およびその理由など（施118条5号）

③　連結計算書類（法444条6項）

具体的には以下の書類です（計61系）。

・連結貸借対照表

・連結損益計算書

・連結株主資本等変動計算書

・連結注記表

④　計算書類（法435条2項）

具体的には以下の書類です（法435条2項、計59条1項）。

・貸借対照表

・損益計算書

・株主資本等変動計算書

・個別注記表

⑤　監査役会の監査報告（法437条）

⑥　会計監査人の会計監査報告（法437条）

⑦　株主総会参考書類（法301条1項、302条1項）

　株主総会参考書類は、総会に出席しない株主（**Q28**）が議案への賛否を判断できるようにするため、議決権の行使について参考となるべき事項を記載するものです。

⑧　議決権行使書（法301条1項。ただし、上場会社で委任状の勧誘（**Q16**）を行う場合を除きます）

2　作成に当たっての留意点

(1)　内容・形式面のチェック

　このように総会の招集に当たっては、多数の事項が記載された複数の書類を株主に提供することになります。そのため、提供する書類に誤りがないかを慎重に確認する必要があります。具体的な確認のポイントとしては、たとえば、以下のようなものが考えられます。

①　会社法、施行規則、計算規則に記載すべき事項として定められている事項がもれなく記載されているか（チェックの際には、経団連や全国株懇連合会が作成している各種ひな形も参考になります）

②　法改正により新たに記載が必要となった事項が記載されているか

　平成26年会社法改正に伴い改正された施行規則を例にとると、事業報告に記載すべき事項として新たに追加された以下の事項が挙げられます。

・内部統制システムの運用状況の概要（施118条2号）

　・特定完全子会社がある場合の特定完全子会社の名称・住所、帳簿価額の合計額など（施118条4号）

　・親会社等との一定の利益相反取引が当該株式会社の利益を害さないかどうかについての取締役の判断およびその理由など（施118条5号）

　・事業年度の末日において社外取締役を置いていない場合には、社外取締役を置くことが相当でない理由（施124条2項・3項）

③　昨年までに使用したデータが修正されないまま使用されていないか

④　誤字・脱字はないか。数字や金額（単位を含む）は正確に表記されているか

⑤　役員や役員候補者の氏名、肩書、経歴は正確に表記されているか

⑥　インデントやフォントにずれはないか

　これらの書類に記載すべき事項に誤りがあった場合、WEB修正によって修正できる場合もありますが、WEB修正による修正には一定の制約があります（**Q8**）。そのため、計算書類の注記表などのような専門的な内容を含む書類以外の書類については、各書類の原稿を作成した担当部門以外の者を加えるなどして、複数の部門で校正を行うことが望ましいでしょう。

⑵　作成スケジュールの確認

　招集通知は総会の日の2週間前までに発送しなければなりません（法299条1項（**Q3**））。招集通知の印刷や封入に要する日数を考慮すると、それよりも相当以前に原稿を校了しておく必要があります。社内の原稿の締め切りを早めに設定しておけば、その分、校正期間を多めにとれ、内容面に誤りがあった場合の対応もしやすくなるでしょう。

Q7　WEB開示

WEB開示について教えてください。

1　WEB開示

　総会の招集に際しては、株主に対し、狭義の招集通知のほか、事業報告および計算書類（これらに対する監査役会の監査報告および計算書類に対する会計監査人の会計監査報告を含む（法437条））ならびに連結計算書類（法444条6項）を提供しなければなりません。また、書面投票または電子投票を採用する場合には、あわせて、株主総会参考書類を交付しなければなりません（法301条1

項、302 条 1 項）。ただ、これらに記載すべきとされている法定の事項をすべて書面に印刷すると、書類が大部になり、印刷代や株主への郵送費等のコストもかさみます。

そこで、法定の記載事項の一部を自社の HP で開示すれば、それらの事項については株主に提供したものとみなされる制度が設けられています（施 94 条、133 条 3 項〜5 項・7 項、計 133 条 4 項〜6 項、134 条 4 項〜6 項）。この制度を WEB 開示といいます。

ただし、WEB 開示の制度を利用するには定款の定めが必要です（施 94 条 1 項ただし書、133 条 3 項ただし書、計 133 条 4 項ただし書、134 条 4 項ただし書。「当会社は、株主総会の招集に際し、株主総会参考書類、事業報告、計算書類および連結計算書類に記載または表示をすべき事項にかかる情報を、法務省令に定めるところに従いインターネットを利用する方法で開示することにより、株主に提供したものとみなすことができる。」などの規定です）。

また、WEB 開示は、招集通知を発した時から総会の日から 3 か月が経過する日までの間、継続して行う必要があります（施 94 条 1 項、133 条 3 項、計 133 条 4 項、134 条 4 項）。

平成 26 年会社法改正によって、WEB 開示できる事項が拡大されましたが、類型的に株主の関心が特に高いと考えられる事項や実際の総会においても口頭で説明されることが多いと考えられる事項については WEB 開示はできず、現に書面により提供する必要があります。

2　WEB 開示できる事項と WEB 開示できない事項

各書類ごとの WEB 開示できる事項と WEB 開示できない事項は以下のとおりです。

(1)　事業報告

ア　WEB 開示できる事項（施 133 条 3 項 1 号）

①　会社の現況に関する事項のうちの一部（施 120 条 1 項 1 号〜3 号・6 号・9 号）

・主要な事業内容（1 号）

・主要な営業所および工場ならびに使用人の状況（2 号）

・主要な借入先および借入額（3 号）

・直前 3 事業年度の財産および損益の状況（6 号）

・その他会社の現況に関する重要な事項（9 号）

②　会社役員に関する事項のうちの一部（施 121 条 3 号・7 号〜11 号、124

条1項)

・責任限定契約を締結している場合の当該契約の内容の概要（3号）

・辞任または解任された役員に関する事項（7号）

・会社役員の重要な兼職の状況（8号）

・監査役（監査等委員、監査委員）が財務および会計に関する相当程度の知見を有しているものであるときは、その事実（9号）

・監査等委員会設置会社である場合の常勤の監査等委員の選定の有無およびその理由、指名委員会等設置会社である場合の常勤の監査委員の選定の有無およびその理由（10号）

・重要な兼職などの社外役員等に関する事項（施124条1項）

・その他役員に関する重要な事項（施121条11号）

③　株式に関する事項（施122条）

④　新株予約権等に関する事項（施123条）

⑤　会計監査人に関する事項（施126条）

⑥　業務の適正を確保するために必要な体制（内部統制システム）の整備についての決定または決議の内容の概要および当該体制の運用状況の概要（施118条2号）

⑦　会社の財務および事業の方針の決定を支配する者のあり方に関する基本方針を定めているときは、当該基本方針の内容の概要およびそれに基づく取組みの具体的な内容の概要など（施118条3号）

⑧　特定完全子会社がある場合の特定完全子会社の名称・住所、帳簿価額の合計額など（施118条4号）

⑨　親会社等との一定の利益相反取引が当該株式会社の利益を害さないかどうかについての取締役の判断およびその理由など（施118条5号）

イ　WEB開示できない事項（施133条3項1号）

①　会社の現況に関する事項のうちの一部（施120条1項4号・5号・7号・8号）

・事業の経過およびその成果（4号）

・資金調達、設備投資などの重要な事項についての状況（5号）

・重要な親会社および子会社の状況（7号）

・対処すべき課題（8号）

②　会社役員に関する事項のうちの一部（施121条1号・2号・4号～6号）

・役員の氏名（1号）

・役員の地位および担当（2号）

・当該事業年度にかかる役員の報酬等（4号）

・当該事業年度において受け、または受ける見込みの額が明らかとなった役員の報酬等（5号）

・役員の報酬等の額またはその算定方法にかかる決定に関する方針を定めているときは、当該方針の決定の方法およびその方針の内容の概要（6号）

③　社外役員に関する事項のうちの一部（施124条2項）

・事業年度の末日において社外取締役を置いていない場合には、社外取締役を置くことが相当でない理由（監査役会設置会社（大会社に限ります）であり、有価証券報告書を提出しなければならない会社に限ります）

④　事業報告に記載すべき事項（①〜③を除きます）について、WEB開示をすることに監査役（監査等委員会、監査委員会）が異議を述べている事項（施133条3項2号）

(2)　計算書類（計133条4項）

ア　WEB開示できる事項

株主資本等変動計算書に表示すべき事項

個別注記表に表示すべき事項

イ　WEB開示できない事項

・貸借対照表および損益計算書に表示すべき事項

・会計監査人の会計監査報告

・監査役会の監査報告

(3)　連結計算書類（計134条4項）

ア　WEB開示できる事項

・連結計算書類すべて

・会計監査報告（提供は任意（計134条2項））

・監査報告（提供は任意（計134条2項））

イ　WEB開示できない事項

ありません。

(4)　株主総会参考書類

ア　WEB開示できる事項（施94条1項）

・イ以外の事項

・その他議決権の行使について参考となると認める事項（施73条2項）

イ　WEB開示できない事項（施94条1項）

① 議案（施94条1項1号）

② 社外取締役を置いていない会社が社外取締役選任議案を提出しない場合の「社外取締役を置くことが相当でない理由」（施94条1項2号、74条の2第1項）

③ 事業報告に表示すべき以下の事項（事業報告でもWEB開示が認められない事項）を株主総会参考書類に記載することとする場合の以下の事項（施94条1項3号、133条3項1号）

i　会社の現況に関する事項のうちの一部（施120条1項4号・5号・7号・8号）

・事業の経過およびその成果（4号）

・資金調達、設備投資などの重要な事項についての状況（5号）

・重要な親会社および子会社の状況（7号）

・対処すべき課題（8号）

ii　会社役員に関する事項のうちの一部（施121条1号・2号・4号〜6号）

・役員の氏名（1号）

・役員の地位および担当（2号）

・当該事業年度にかかる役員の報酬等（4号）

・当該事業年度において受け、または受ける見込みの額が明らかとなった役員の報酬等（5号）

・役員の報酬等の額またはその算定方法にかかる決定に関する方針を定めているときは、当該の方針の決定の方法およびその方針の内容の概要（6号）

iii　社外役員に関する事項の一部（施124条2項）

・事業年度の末日において社外取締役を置いていない場合には、社外取締役を置くことが相当でない理由（監査役会設置会社（大会社に限ります）であり、有価証券報告書を提出しなければならない会社に限ります）

④ WEB開示を行うホームページのアドレス（施94条1項4号）

⑤ 株主総会参考書類に記載すべき事項（①〜④を除きます）について、WEB開示をすることに監査役（監査等委員会、監査委員会）が異議を述べている事項（施94条1項5号）

3 留意事項

(1) 監査役の異議申述権と株主への通知請求権

株主総会参考書類や事業報告の一部を WEB 開示するに際し、監査役（監査等委員会、監査委員会）から異議を述べられた事項については、WEB 開示することはできません（施94条1項5号、133条3項2号）。これに対し、計算書類や連結計算書類については、このような制度はありません。

また、WEB 開示によって、法定の記載事項の一部について、株主に提供したものとみなされることになるため、監査役や会計監査人は、取締役に対し、現に株主に提供された事業報告、計算書類、連結計算書類が、監査の対象とした一部であることを株主に通知するよう請求することができます（施133条5項、計133条6項、134条6項）。これを受け、たとえば、連結注記表および個別注記表を WEB 開示する場合、招集通知に、「連結計算書類の『連結注記表』および計算書類の『個別注記表』につきましては、法令および当社定款の規定に基づき、インターネット上の当社ウェブサイト（http://www. ○○○）に掲載しておりますので、本添付書類には記載しておりません。なお、『連結注記表』および『個別注記表』は、会計監査人が会計監査報告を、監査役が監査報告をそれぞれ作成するに際して監査した連結計算書類および計算書類の一部です。」といった記載がされることがあります。

(2) 継続性

前述のとおり、WEB 開示は、招集通知を発した時から総会の日から3か月が経過する日までの間、継続して行う必要がありますが、インターネット障害などにより、開示が中断された場合の効果について、法は何も定めていません。

そのため、開示が中断された場合、招集手続に瑕疵があるとして、決議取消しの原因（法831条1項1号）になるのではないかが気になるところです。同じインターネットを利用する電子公告が中断した場合についての会社法の規定（法940条3項）からすると、わずかな中断であれば問題はないといえるでしょう。

Q8 招集通知の修正

招集通知の発送後、修正すべき事項が見つかった場合にはどのように対処すればよいでしょうか。

1 株主総会参考書類、事業報告、連結計算書類および計算書類の記載に修正すべき事項が見つかった場合

(1) 形式的な修正の場合

株主総会参考書類、事業報告、連結計算書類および計算書類に修正すべき事項が見つかった場合（白書 2015 年版によれば、23.0％の会社で修正すべき事項が発見されているようです）、①招集通知発送前であれば、招集通知を再作成することが考えられます。また、再作成まではしなくとも、訂正箇所を明示した訂正文を招集通知に同封することが考えられます。②招集通知の発送後に訂正事項が見つかった場合には、訂正文を追送することが考えられます。

しかし、誤記などの形式的な修正の場合に、そのような対応をとるのは費用等の面で合理的ではありません。

そこで、会社法は、招集通知を発出した日から総会の前日までの間に修正をすべき事情が生じた場合には、招集通知とあわせて修正の内容を周知させる方法をあらかじめ株主に通知しておけば、その方法で修正ができるとしています（施 65 条 3 項、133 条 6 項、計 133 条 7 項、134 条 7 項）。この方法は、修正すべき事項が見つかった場合の周知の方法として自社の HP を指定する会社が多いことから、一般に WEB 修正と呼ばれています。実務上は、招集通知の発送直前に修正すべき事項が見つかった場合にも利用されています。白書 2015 年版によれば、修正すべき事項が見つかった会社のうち 66.8％の会社が WEB 修正を行っています。

修正を行った場合、すべての株主が、会社の HP を見ているとは限らないことから、総会の当日、訂正文を配布したり、口頭で訂正することが行われることも多いようです。白書 2015 年版によれば、修正すべき事項が見つかった会社のうち 34.7％の会社が総会当日、訂正文を配布し、18.0％の会社が総会当日、口頭で訂正しています。

(2) 形式的な修正とはいえない場合

WEB 修正ができる範囲には一定の制約があり、事業報告や連結計算書類・計算書類の監査報告や連結計算書類・計算書類の会計監査報告に影響を及ぼす場合など、修正が形式的なものとはいえない場合には WEB 修正による修正はできません。

2 狭義の招集通知の記載に誤りが見つかった場合

狭義の招集通知（Q6 参照）については、株主総会参考書類などと異なり、会社法上、WEB 修正を認める規定はありませんが、誤記などの形式的な誤り

については、実務上、株主総会参考書類などと同様、WEB修正が行われています。

Q9　招集通知発送後の総会の中止、延期

招集通知の発送後、開催日までの間に、総会の開催を中止したり、開催日を延期することはできますか。

1　開催の中止

招集通知の発送後、総会の開催の中止を決定し、招集を撤回することは可能です。

その場合には、総会の招集を決定した場合に準じて、取締役会において招集の撤回を決議します。そして、その決議に基づき、総会の招集を撤回する旨をすべての株主に対して通知します。この通知は総会の開催日よりも前に到達する必要があります。

2　開催日の延期

招集通知の発送後、総会の開催日を延期することも可能です（Q22参照）。

この場合も取締役会で開催日の延期を決議します。その上で、その決議に基づき、開催日を延期する旨をすべての株主に対し通知します。この通知は、延期日に開催される株主総会への出席機会を確保するため、株主に対し、延期された開催日の2週間前（発送の日と延期された開催日との間に2週間（中14日）が必要）に発送する必要があります。また、この通知は当初の開催予定日よりも前に株主に到達する必要があります。

なお、「当会社の定時株主総会の議決権の基準日は毎年3月31日とする。」などとして、定時総会の基準日を定款で定めている場合でも、定時総会の開催日を基準日（3月31日）の3か月より後の日に延期する場合には、基準日の効力が3か月とされていることから（法124条2項）、別途基準日を設定する必要があります（同条1項）。その場合、当該基準日の2週間前までに基準日などを公告しなければなりません（同条3項）。

3　上場会社における総会の延期

上場会社において、総会が延期される例としては、会計監査人の監査が終了せず、定時総会が延期されるケースなどがあります。

ただし、この場合、有価証券報告書の提出や上場維持などに与える影響が大きいことから、特に定時総会の延期には留意が必要です。

Q10　議題の撤回、議案の変更

招集通知の発送後、議題を撤回したり、議案を変更することはできますか。

1　議題と議案

総会を招集する際に取締役会が決定する「株主総会の目的である事項」（法298条1項2号）を議題といい、議題を具体化したものを議案といいます。取締役の選任を例にとると、「取締役3名選任の件」が議題に、これを具体化した「A氏を選任する」「B氏を選任する」「C氏を選任する」という内容が議案に当たります（**Q110**参照）。

2　議題の撤回

たとえば、買収防衛策を導入するための「定款一部変更の件」について、機関投資家を中心とする株主の理解が得られず、総会で可決される見込みが立たない場合などには、議題の撤回が検討されることがあります。また、議案が可決されるか否かが総会当日に出席する株主の議決権の行使（当日の投票）によらなければ、わからない場合にも検討されることがあります。

議題を撤回する場合には、議題を決定した場合に準じ、まずは、取締役会において、その旨を決議します。その上で、議題を撤回する旨を、総会の前日までに株主に到達するよう通知することが考えられます。また、その通知が総会の前日までに到達することが見込めない場合には、総会の場で、議長が撤回を宣言して議題を撤回することが考えられます。総会の場で議題を撤回する場合、議題の撤回を議場に諮り、承認を得て撤回することも考えられますが、議題を撤回すれば、決議取消しの対象となる決議がそもそも存在しないことになるため、実務上は、議場に諮ることなく、議長が撤回を宣言する方法がとられるケースが多いようです。

3　議案の変更

招集通知発送後に取締役候補者が死亡するといった事態が生じた場合などには、代わりの候補者を立てるために、議案の変更を検討する必要が生じることがあります。特に、新たな候補者を立てないと、定款で定めた取締役の員数を欠くことになる場合、事は重大です（たとえば、「当会社の取締役は5名以上とする。」との定款の定めがある場合に、候補者を変更しなければ、4名しか取締役が選任されない場合）。

この場合、新たな候補者を記載した招集通知を総会の会日の2週間前まで

に発送するのが望ましいところですが、それが難しい場合には、例外的に、た
とえば、総会当日、総会場の社員株主から候補者を補充的に提案する修正動議
を提出してもらうことにより、議案の変更を行うことが考えられます。ただし、
この場合、議決権行使書で投票済みの株主は当該候補者の選任については反対
として取り扱うことになります。

Q11　招集通知の WEB 公表

自社のウェブサイトに招集通知の内容を掲載すること（WEB 公表）により招
集通知を公表する必要はありますか。

実務上は、会計監査人による連結計算書類・計算書類の監査のための適切な
時間の確保やその後の招集通知の印刷、封入の時間を考慮すると、招集通知の
早期発送は、おおむね総会の日の 3 週間前が限界とされていますが、株主が
十分に議案を検討し、議決権を行使しやすくするためには、なるべく早い招集
通知の発送が望まれるところです。

東証も、信託銀行などの名義で株式を保有する国内外の機関投資家からの要
望を受け、以前から、上場会社に対し、招集通知の早期発送を要請してきまし
た（「株主総会における株主の議決権行使の促進に向けた環境整備のお願い」東証上
サ第 255 号（平成 15 年 3 月 18 日））。

そのため、上場会社では、従前、招集通知の発送日に自社のウェブサイトに
招集通知の内容を掲載すること（WEB 公表）により招集通知の早期発送の要
請に応えようとしてきました。

もっとも、白書 2014 年版によると、招集通知発送前に WEB 公表を行った
会社は全体の 8.6% にすぎませんでした。これは招集通知が株主に届く前にそ
の内容を誰もが閲覧できる状態にすることに抵抗があったことなどによるもの
と思われます。

平成 27 年 6 月 1 日より適用が開始されたコーポレートガバナンス・コード
の補充原則 1-2 ②では、「上場会社は、株主が総会議案の十分な検討期間を確
保することができるよう、招集通知に記載する情報の正確性を担保しつつその
早期発送に努めるべきであり、また、招集通知に記載する情報は、株主総会の
招集に係る取締役会決議から招集通知を発送するまでの間に、TDnet や自社
のウェブサイトにより電子的に公表すべきである。」と規定されています。

そのため、今後、東証一部および二部（本則市場）に上場する企業は、招集

通知発送前に WEB 公表を行わない場合、エクスプレイン（**Q104**(15)参照）が必要となります。

白書 2015 年版によれば、招集通知発送前に WEB 公表を行った会社は全体の 42.4％と前年よりも大幅に増加しています。

Q12　近時の招集通知の工夫例

招集通知の作成に当たり、工夫すべきポイントを教えてください。

従前の招集通知は法定の記載事項などの必要最小限の事項のみを記載した無味乾燥なものが多く、どの会社の招集通知も左右見開きの白黒印刷で作成された変わり映えのしないものでした。これには、従来は株式の相互保有などによって安定株主がおり、招集通知に工夫などしなくても、安定株主が賛成票を投じてくれるという安心感も影響していたものと思われます。

しかし、近時、徐々に株式の持合いが解消された結果、個人株主や機関投資家の株式保有比率が高まり、これらの株主の投票行動が定足数の確保や議案の可決にとって重要性を増すようになってきました。

個人株主に議決権を行使してもらうためには、まずは送付された招集通知を手にとり、その上で中身に目を通してもらう必要があります。

そのため、上場会社の中には、株主が読みたいと思うような、また、総会に足を運んでみたいと思うような招集通知になるようさまざまな工夫をしているところがあります。具体的には、招集通知に社長のメッセージを写真とともに掲載したり、取締役候補者や監査役候補者を選んだ理由とともに本人の抱負と写真を掲載するというものがあります。文字だけでなく、社長などの写真が掲載されていれば、親近感が沸き、「この人の話が聞いてみたい」と思う個人株主が総会に出席してくれることも期待できます。このほかにも、会社の経管理念やスローガンを掲載して個人株主の共感を得ることに努めたり、新商品の写真などを掲載して会社に興味を持ってもらうよう努める例もあります。

形式面では、たとえば、以下のような工夫が考えられます。

① 　表紙をつける

② 　フォントサイズを大きくする（目に優しい視認性の高いものとする）

③ 　インデックスをつける（招集通知、事業報告、連結計算書類、計算書類、監査報告、株主総会参考書類の所在を明らかにする）

④ 　目次をつける

⑤　カラー刷りにする

⑥　財務情報をグラフ化して数値のビジュアル化を図る

⑦　取締役の候補者名にふりがなを振る

⑧　招集通知および株主総会参考書書類と事業報告および連結計算書類・計算書類を分冊にする

これらのさまざまな工夫によって招集通知の内容が充実したものとなれば、機関投資家の議決権行使にとっても有益であり、評価されるでしょう。また、特に機関投資家との関係でいえば、IR の視点を取り入れ、法的には記載が要求されていない事項でも、積極的に自社の特徴をアピールする内容を事業報告に盛り込むことも検討されてよいでしょう。具体的には、セグメント別の事業の内容紹介や実績、中期経営計画の取組状況、取締役報酬の設計、社外役員の独立性基準などを記載することが考えられます。

さらに、外国人株主の増加を反映して、英文による招集通知を独自に作成して自社のウェブサイトに掲載している会社もあります。

もっとも、これらの工夫にはコストを伴いますので、会社の実情に応じて、対応すればよいでしょう。

⑤　株主提案／委任状勧誘

Q13　株主提案権

株主提案権にはどのようなものがありますか。また、株主提案にはどのようなルールが設けられていますか。

1　株主提案の種類

株主提案権とは、議題提案権（法 303 条 1 項）、議案提案権（法 304 条）、議案要領通知請求権（法 305 条 1 項）を総称したものです。

議題提案権とは、一定の事項を総会の議題（**Q10** 参照）とするよう請求する権利をいいます（法 303 条 1 項）。

また、議案提案権とは、総会の議題についての議案（**Q10** 参照）を提出する権利をいいます（法 304 条）。議案提案権は、議題提案権と一緒に行使される場合と、総会において行使される場合（議案修正動議（**Q110**））があります（株主提案としての議案提案権という場合、前者のみを指す場合があります）。

議題（会社が提案することが予想される議題でも株主自身が提案しようとする議題でもいずれでもかまいません）について、株主が議案を提出しようとする場合、議案を要約した要領を株主に通知することを請求することができ、これを議案要領通知請求権といいます（法305条1項）。

株主提案権について、取締役の選任を例に具体的に説明すると、「取締役3名選任の件」について提案することは議題提案権の行使に、「A氏を選任する」「B氏を選任する」「C氏を選任する」旨の提案をすることは議案提案権の行使に当たります（**Q10**、**Q110**参照）。

「A氏を選任する」「B氏を選任する」「C氏を選任する」旨の議案の提案には、総会の8週間前までに「取締役3名選任の件」の議題と一緒に提案する場合（議題提案権と一緒に行使する方法）と、会社が提案した「取締役3名選任の件」という議題について、総会当日、会社と異なる候補者を提案する場合（議案修正動議）があります。

議案要領通知請求権は、株主自身が提案しようとする「取締役3名選任の件」（議題）について「A氏を選任する」「B氏を選任する」「C氏を選任する」とする議案の要領をあらかじめ株主に通知するよう請求するためなどに行使されます。議案要領通知請求権は、株主が、自分が提出する議案を総会前に会社の費用であらかじめ他の株主に知らしめるように請求できる点に意義があります。

2 株主提案のルール（議決権数要件および保有期間要件ならびに行使期限要件）

上場会社において議題提案権と議案要領通知請求権を行使できるのは、総株主の議決権の100分の1以上の議決権または300個以上の議決権（議決権数要件）を6か月前から引き続き有する（保有期間要件）株主に限られ、いずれも総会の日の8週間前までに行使する（行使期限要件）必要があります（法303条2項、305条1項）。議決権数要件は必ずしも1人の株主で充たされる必要はなく、複数の株主の有する議決権を合算することによっても充たされます。

これに対し、議案修正動議は総会に出席した株主であれば、誰でも提出することができます。

上場会社の株主が、議題提案権や議案要領通知請求権を行使する場合には、株主が上述の要件を充たしているか否かを上場会社が確認できるようにするため、取引のある証券会社に、自らが保有する株式の数などを、自身の氏名、住所などとともに会社に通知（個別株主通知）するよう申し出る必要があります。

証券会社は、証券保管振替機構に個別株主通知の申出を取り次ぎ、証券保管振替機構から会社に対し、個別株主通知がなされます（振替法 154 条 3 項〜5 項）。議題提案権や議案要領通知請求権のように、基準日の定めのない権利については、会社には権利を行使した者が株主であるかどうかわからないため、このような制度が設けられています。株主は、会社に個別株主通知がされた日から 4 週間が経過する日までにこれらの権利を行使する必要があります（振替法 154 条 2 項、振替令 40 条）。個別株主通知からあまり長い期間が経過すると、その間に株主が株式を売却して株主でなくなってしまう可能性があるからです。

3　会社の対応

(1)　本人確認

議題提案権や議案要領通知請求権を行使された会社は、運転免許証などで、請求者が個別株主通知に記載された株主本人であることを確認します（全国株懇連合会「少数株主権等行使対応指針」参照）。

(2)　情報提供請求

個別株主通知の日から 4 週間が経過する日までの間に議題提案権や議案要領通知請求権を行使した者が株式を売却して株主でなくなってしまう可能性もあります。そのため、会社はこれらの権利が行使された時点で、請求者が売却により株主ではなくなっていないかを確認するための情報提供請求（振替法 277 条）をすることもできます。

(3)　拒絶事由

株主が提案したり（議案提案権）、要領の通知を請求した（議案要領通知請求権）議案が法令や定款に違反する場合や、実質的に同一の議案につき総会において総株主の 10 分の 1 以上の賛成を得られなかった日から 3 年を経過していない場合には、会社はその請求を拒絶することができます（法 304 条、305 条 4 項）。

Q14　濫用的株主提案

　株主から、多数の株主提案や、総会の目的事項としてふさわしくない株主提案を受けた場合の対応について教えてください。

会社法には株主が提案できる議題や議案の数に関する制限はなく、株主は、Q13 で説明した要件を充たせば、株主提案をすることができます。

そのためか、近時、株主が多数の株主提案を行ったり、総会の目的事項とし

てふさわしくない株主提案がされるケースが散見されます。たとえば、平成24年の野村ホールディングス株式会社の総会に際し、株主から、同社の商号を「野菜ホールディングス」へ変更する件を含む100個の株主提案がされたり、同様に、同年のHOYA株式会社の総会において、株主が63個の株主提案を行ったケースがあります。

HOYA株式会社のケースでは、株主が会社に対し、提案議題、提案議案ならびにその要領および膨大な内容の提案理由を招集通知または株主総会参考書類に記載するよう求めたのに対し（施93条1項3号参照）、会社が応じなかったことから、裁判所での争いとなりました。

この裁判で、裁判所は、一般論として、株主提案権といえども濫用することは許されず、株主提案権の行使が、株主の私怨を晴らしたり、特定の個人や会社を困惑させるなど、正当な株主権の行使とは認められないような目的に出たものである場合には、株主提案権の行使が権利の濫用として許されない場合があると判示しました（東京高決平成24・5・31資料版商事法務340号30頁）。

ケースバイケースではありますが、株主提案の内容によっては、それが、Q13で説明した要件を充たす場合であっても、会社としては、株主の株主提案権の行使を権利の濫用として認めないという取扱いも考えられます。

Q15　委任状、議決権行使書、職務代行通知書

委任状、議決権行使書、職務代行通知書の違いについて教えてください。

1　委任状、議決権行使書、職務代行通知書

議決権は総会に出席して行使するのが原則ですが、総会に出席しない株主も書面によって議決権を行使することができます（法311条1項）。

また、総会に出席して議決権を行使する方法にも、自ら出席して議決権を行使する方法と、自身に代わって代理人に出席してもらい、議決権を行使する方法があります（法310条）。

総会に出席しない株主が議決権を行使するために会社に提出する書面が議決権行使書です。議決権行使書の制度は、昭和56年の商法改正によって創設されたものであり、それまでは、総会に出席しない株主は代理人によって議決権を行使するほかありませんでしたが、現在では、多くの会社において、議決権行使書が、総会に出席しない株主が議決権を行使する方法として定着しています。

これに対し、委任状は、株主が自身に代わって代理人に出席してもらい、議決権を行使する際に、代理人の代理権を証明するために会社に提出するものです。多くの会社では定款で代理人の資格を株主に限定していることから、株主がこの方法で議決権を行使するためには、株主を代理人とする必要があります。

会社などの法人株主が総会において議決権を行使する場合、代表取締役などの代表権を有する者ではなく、従業員などが出席する場合があります。上述のとおり、多くの会社では定款で代理人の資格を株主に限定していることから、株主でない従業員の出席は本来認められないはずですが、判例（最判昭和51・12・24民集30巻11号1076頁）は、従業員などについては、株主でなくても、総会への代理出席を認めています。この場合に、法人株主が委任状を提出して代理人の代理権を証明することもありますが、実務上は、株主が代理人となる場合の委任状と区別するため、職務代行通知書と呼ばれる書面が提出されることが多いようです。

2 委任状（職務代行通知書）と議決権行使書の違い

代理人は株主に代わって現実に総会に出席してその議決権を行使します（間接投票）。これに対し、議決権行使書は総会に出席しない株主が議決権を行使するためのものであり、議決権行使書を会社に提出すれば、それにより議決権行使の効力が生じます（直接投票）。

委任状（職務代行通知書）による場合、代理人が総会に出席するため、当日、手続的動議（Q109）や議案修正動議（Q110）が提出された場合、代理人は委任の趣旨に従って議決権を行使し、動議に対応できます。

これに対し、議決権行使書には、総会当日に提出される動議に対し、あらかじめ意思を表示しておくことができません（当日、動議が出されるかどうか、出されたとして、どのような動議が出されるかは予想できないため、当然です）。そのため、議決権行使書では手続的動議には対応できません（議決権行使書に会社提案に賛成の記載があっても、手続的動議に反対として取り扱うことはできません）。議案修正動議については、原案に賛成の議決権行使書は議案修正動議に反対とし、原案に反対・棄権の議決権行使書は議案修正動議については棄権として取り扱います。

Q16 委任状勧誘と委任状勧誘規制

委任状勧誘や委任状勧誘規制について教えてください。

1　委任状勧誘とは

　会社や株主を含む会社以外の者が、株主に対し、総会における議決権を自己または第三者に代理行使させるよう勧誘することを委任状勧誘といいます。委任状勧誘は、①書面投票制度を導入していない非上場会社が、総会の定足数を確保するために招集通知とともに委任状用紙を送付したり、②会社の提案に反対する株主が、会社提案に対する反対を呼びかけ、または自身の提案する議案への賛成を呼びかける目的で委任状用紙を送付して行われることがあります。後者の場合、会社と株主が委任状の獲得を争う委任状勧誘戦（プロキシー・ファイト）が展開されることがあります。

2　委任状勧誘規制

　上場会社の株式の議決権の行使についての委任状勧誘には金商法（194条）、同施行令（36条の2〜36条の6）および勧誘府令による規制が設けられています。これらの規制は総称して委任状勧誘規制と呼ばれています。委任状勧誘規制は、上場会社の株主に対し、十分な情報を提供して、その意思を総会決議に反映させるとともに、上場株式の取引の公正を確保するためなどの目的で設けられています。

　そのため、上場会社の株主の議決権の行使について委任状勧誘を行う場合には、委任状勧誘規制の適用が除外される場合を除き（金商法施行令36条の6第1項各号。Q17参照）、①勧誘に際し、議案ごとに賛否を記載する欄を設けた委任状の用紙と勧誘府令が定める記載事項が記載された参考書類を株主に交付する（金商法施行令36条の2第1項・5項、勧誘府令43条、1条〜40条）とともに、②その書類の写しを財務局長に提出する必要があります。実務上は、委任状用紙および参考書類に加え、委任状の勧誘を株主に呼びかける書面や委任状用紙への記載例などを記載した書面など、委任状勧誘に際して株主に送付されるすべての書類を提出します。

Q17　包括委任状

　包括委任状とはどのようなものですか。また、上場会社において、包括委任状の提出を受けるに当たって留意すべき事項を教えてください。

1　包括委任状とは

　総会に出席しない株主は議決権行使書によって書面投票を行うことができますが、議決権行使書で会社が提案した議案に賛成票が投じられていても、総会

84　第2編　株主総会の実務 Q&A　第1章　総会準備の実務

当日、出席株主から手続的動議（**Q109**）が提出された場合には、この動議に反対したものとして取り扱うことはできません（**Q15**参照）。そこで、手続的動議に対応するため、あらかじめ、一定の大株主から、以下のような記載のある委任状の提出を受け、総会当日、社員株主に大株主の議決権を代理行使させることがあります。この委任状を包括委任状といいます。

　私は、○○を代理人として、私か保有する株式会社○○の○○株の株式につき、次のとおり権限を委任します。

　平成○年○月○日開催の株式会社○○の第○回定時株主総会（その継続会または延会を含む）に出席し、下記のとおり議決権を行使すること。
記
1　会社提案の原案すべてに賛成すること。
2　会社提案の原案に修正案が提出された場合、1の趣旨の範囲で議決権を行使すること。
3　議事進行等に関する動議が提出された場合には、議長に協力し、議決権を行使すること。

2　委任状勧誘規制との関係

　上場会社の議決権の行使について委任状勧誘を行う場合には、委任状勧誘規制の適用があります（**Q16**）。そのため、包括委任状を取得する場合には委任状勧誘規制の適用を受けないよう留意する必要があります。

　会社またはその役員のいずれでもない者が10人未満の大株主に対して勧誘を行う場合（金商法施行令36条の6第1項1号）などには委任状勧誘規制は適用されません。そのため、実務的には以下のいずれかの方法がとられることが多いようです。

　①　大株主から従来の慣行に従って自発的に委任状の提出を受ける

　②　元従業員であって現株主である者が10人未満の大株主に委任状の勧誘を行う

　③　総務部長等の現従業員であって現株主である者が10人未満の大株主に委任状の勧誘を行う

　包括委任状の受任者を議長としている会社もあるようですが、包括委任状の受任者は、株主席に座る社員株主にした方がよいでしょう。

　なお、委任状勧誘戦（プロキシー・ファイト）（**Q16**）が展開されるような、後日、包括委任状取得の適法性が問題とされる可能性がある場合には、委任状

勧誘規制の要件を充足した包括委任状を大株主から取得するなどの工夫が必要
です。

Q18　株主名簿・会計帳簿の閲覧謄写請求への対応

　　株主名簿閲覧謄写請求権や会計帳簿閲覧謄写請求権が行使された場合の対応
について教えてください。

1　株主名簿閲覧謄写請求権、会計帳簿閲覧謄写請求権

　　株主は、会社に対し、株主名簿の閲覧謄写請求をすることができます（法
125条2項）。また、総株主の議決権の100分の3以上または発行済株式の
100分の3以上の数の株式を有する株主は、会計帳簿の閲覧謄写請求をする
ことができます（法433条1項）。いずれの請求をする場合にも請求の理由を
明らかにしなければなりません。上場会社の場合、株主名簿の閲覧謄写請求は
株主名簿管理人（法123条）に対して行います。

　　株主名簿閲覧謄写請求は、総会において、自らが提案した議案の賛同者を得
るために、他の株主の氏名や住所を調査する場合などに行使されます。会計帳
簿閲覧謄写請求は、株主が取締役の責任追及の訴えを提起するに際し、必要な
調査をする場合などに行使されます。

　　株主名簿閲覧謄写請求権および会計帳簿閲覧謄写請求権はいずれも振替法上
の「少数株主権等」（147条4項）に当たるため、株主は、取引のある証券会
社に個別株主通知の申出手続を行った上で、証券保管振替機構から会社に対す
る個別株主通知後4週間以内にこれらの請求をする必要があります（**Q13**参
照）。

2　会社の対応

　　請求を受けた会社は、運転免許証などで、請求者が個別株主通知に記載され
た株主本人であることを確認する必要があります。

　　株主には、株主名簿や会計帳簿を見て、調べたり、書き写す権利はあります
が、会社に対し、写しの交付を求めたり、会社の複写機を使用させるよう求め
る権利はありません。会社がこれに応じることはかまいませんが、その場合、
株主平等原則（法109条1項）との関係から、すべての請求者に同様の対応を
とる必要があります。

　　いずれの請求も、株主の権利の確保や行使に関する調査以外の目的で行われ
た場合など一定の要件を充たす場合には、会社は株主の請求を拒絶することが

できます（法125条3項1号〜4号、433条2項1号〜5号）。なお、平成26年
会社法改正により、会社の業務と実質的に競争関係にある事業を営む者等であ
ることを株主名簿の閲覧等の請求の拒絶事由とする規定（平成26年会社法改正
前会社法125条3項3号）は削除されました。

6 事前質問

Q19 事前質問への対処法

総会前に事前質問状の送付を受けた場合の対応について教えてください。

1 事前質問

総会の会日前に株主が会社に対し、書面または口頭で、総会での質問内容を
通知することがあります。これを事前質問といい、質問が記載された書面を事
前質問状といいます（口頭での事前質問があった場合には、質問の内容を明確にす
るため、株主に対し、書面での通知を要請することが考えられます）。

事前質問があっても、当日、現実にその質問がなければ、回答する義務はあ
りません。会社法は、「株主総会において、株主から特定の事項について説明
を求められた場合には、当該事項について必要な説明をしなければならない。」
（法314条）と規定しているからです。裁判例（東京地判平成10・4・28資料版
商事法務173号185頁〔三菱商事事件〕）も「仮に事前に質問書を提出していて
も、株主（又はその代理人）が総会に出席して現実に質問をしなければ、取締
役の説明義務は具体的に発生しない」としています。

これに対し、総会当日、事前質問のあった内容の質問がされた場合には、会
社は、「説明をするために調査をすることが必要である」ことを理由に説明を
拒むことはできなくなります（法314条、施71条1号イ）。事前に質問が通知
された場合には、総会までに調査を済ませておくことができるからです。

2 事前質問への対処

事前質問が通知された場合、実務的には、あらかじめ質問の内容を適宜、整
理・要約して、それに対する回答を用意しておき、①総会当日、現実に質問が
あれば、準備していた回答をする方法と、②株主との質疑応答の前に、会社か
ら自発的に回答（一括回答）する方法があります。②の場合のシナリオの例は
以下のとおりです。

> 議長：それでは、ただいまから株主様からのご質問をお受けいたしますが、その前に、株主様から事前にご質問を頂戴しておりますので、これについてのご回答をさせていただきます。
>
> 　なお、回答に当たりましては、頂戴したご質問を適宜、整理分類した上で、ご回答申し上げます。
>
> 　また、ご質問をいただいております事項のうち、個別の取引にかかるもの、抽象的なもの、株主総会の目的に関しないもの、説明することにより、株主共同の利益を著しく害するものと認められるもの、お手許の招集ご通知に記載のあるもの、回答に当たり会計帳簿等を参照する必要があるものにつきましては、回答は控えさせていただきますので、ご理解を賜りますようお願い申し上げます。
>
> 　（一括回答）

　①の方法は、事前質問の内容が、総会の目的事項とは関連性が薄いものであったり、株主の興味本位のものと考えられる場合に用いられます。この方法は、事前質問の法的位置づけに忠実なものといえます。

　②の方法は、事前質問の内容が、株主全体が関心を持っている事項であり、当日、事前質問をした株主以外の株主からも質問が出る可能性が高いものである場合に用いられることが多いようです。この方法は、株主から現実に質問がされた場合に、「ただいまのご質問については、先ほど、一括してご回答したとおりです。」といった対応が可能となるという利点があります。

　なお、事前質問があったからといって、必ず一括回答しなければならないわけではなく、質問の内容などに応じて、ケースバイケースで対応します。

7　議事シナリオ／想定問答集／リハーサル

Q20　シナリオを作成する上での工夫

　議長にとって読みやすいシナリオを作成するにはどのような工夫がありますか。

　総会で、議長は、株主との質疑応答の場面を除き、用意されたシナリオをひたすら読むことになります。そのため、シナリオは、議長にとって見やすいもの、読みやすいものであることが最も重要な要素となります。どのようなものが見やすく、読みやすいかは、議長によってさまざまでしょうから、議長と相

談しながら改良を加えていきます。具体的には、読みやすいように、①フォントを大きくする、②行間を空ける、③区切りのよいところで改行する、④強調したいところは、字体を変えたり、太字またはカラーにする、⑤議長が読み間違えそうな漢字や現にリハーサルで議長が繰り返し読み間違える漢字にはふりがなを振る、⑥議長が発音しにくそうにしている用語を同じ意味の別の用語に置き換える、⑦数字は漢数字（○億○千○百万円など）で表記するなどの工夫が考えられます。

また、議事進行中にシナリオをどこまで読んだのかがわからなくなることを防ぐため、たとえば、読み終わったシナリオをすぐに演台下のごみ箱に捨てられるような綴じ方にしたり、シナリオが閉じてしまい、どのページを開いていたのかがわからなくなることを防ぐため、シナリオが簡単に閉じないような工夫をすることなどが考えられます。

標準的な内容のシナリオ（28頁以下）に、以上のような工夫を加えれば、よりスムーズな議事進行に役立つものと思われます。

Q21　株主の関心を引く事項が総会直前に生じた場合のシナリオ

不祥事や事故が発覚し、マスコミにも大きく取り上げられた場合、黒字予想から大幅赤字の決算発表となった場合、大型のM&Aを行った場合など、株主の関心を引く事項が総会の直近に生じた場合に、シナリオ作成上、留意すべき点はありますか。

不祥事や事故が発生し、マスコミにも大きく取り上げられた場合、その点についての会社のコメントや対応を聞きたいという理由で総会に出席する株主も多いと思われます。そのため、そのような場合には、議長（社長以外が議長の場合は社長）が、不祥事の簡単な経緯説明とお詫び、今後の対応などについて、公表できる範囲で説明できるようなシナリオを用意する必要が生じます。また、謝罪については、役員が起立したり、お辞儀をしたりするタイミングなどについて、シナリオ上で十分に詰めておく必要があります。

お詫びや説明のタイミングとしては、開会宣言の前か、開会宣言の直後、議決権数の報告の後などが考えられるでしょう。このほかにも、事業報告に関連するという理由から、事業報告の際に不祥事に言及するというシナリオも考えられますが、株主の関心という点や、株主に対するお詫びということを考えると、冒頭に行う方が自然であるように思われます。

赤字決算やM&A等の場合も、非常に注目されるものであれば、冒頭に概略を説明することも考えられますが、これらは事業報告またはその後の後発事象に関する事項であることが一般でしょうから、事業報告の説明の中でやや詳細に採り上げる、といった対応でも十分と思われます。

Q22　災害時用のシナリオ

　東日本大震災のような災害が起こった場合、どのように議事を進行したらよいでしょうか。

　東日本大震災のような激甚災害が発生した場合、それが総会開催前であれば、総会を延期したり（**Q9**）、総会開会後であれば、総会を延期・続行することが考えられます（**Q76**）。しかし、再度、総会を開催するにはコストがかかりますし、実務上、会社は、総会の日に先立って剰余金の払込手続を完了しており、総会当日に延期や続行を理由に取消処理をしても、間に合わないのが通常です。そのため、いったん総会を開始した場合、適宜、安全の確保のために議事を中断しながら、できるだけ議事を短縮し、すべての議案を可決することが望ましいところです。

　そこで、たとえば、報告事項の報告の最中に激甚災害が発生した場合には、以下のようなシナリオが考えられます。

> 議長：ただいま、地震が発生いたしました。今後も余震などによる影響が考えられますので、報告事項につきましては招集ご通知記載のとおりとし、ただちに議案の採決を行いたいと存じます。また、ご質問につきましては、特に重要と思われる質問に限らせていただきます。各議案の内容は招集ご通知○頁から○頁記載のとおりです。このような議事進行にご賛成いただける株主の皆さまは拍手をお願いします。
> 　（株主拍手）
> 議長：ありがとうございます。
> 　それでは特に重要なご質問のある方は挙手をお願いいたします。
> 　（挙手がないことを確認して）
> 議長：ご質問がないようでございますので、それでは、「第1号議案○○の件」について採決いたします。ご賛成いただける株主の皆さまは拍手をお願いします。
> 　（以下、全議案を同様に採決し、閉会宣言）

　また、そのような余裕すらない場合には、以下のようなシナリオが考えられ

90 第2編 株主総会の実務Q&A 第1章 総会準備の実務

ます。

> 議長：ただいま、地震が発生いたしました。今後も余震などによる影響が考え
> られますので、報告事項につきましては招集ご通知記載のとおりとし、ただち
> にすべての議案の採決を一括して行いたいと存じます。各議案の内容は招集ご
> 通知○頁から○頁記載のとおりです。このような議事進行にご賛成いただける
> 株主の皆さまは拍手をお願いします。
> 　（株主拍手）
> 議長：ありがとうございます。
> 　それでは、本日、上程したすべての議案にご賛成いただける株主の皆さまは
> 拍手をお願いします。
> 　（一括採決後、閉会宣言）

　これらの方法は、平時であれば、取締役等の説明義務違反として決議取消事由となりうるところです（法831条1項1号）。

　しかし、総会前日までの議決権行使書の行使状況から決議の成立が確実な場合には、決議取消訴訟が提起されても、裁判所がその請求を棄却することが考えられます（法831条2項）ので、激甚災害が発生したようなやむをえない緊急時には、このような対応をすることも十分に考えられるところです。

Q23　想定問答集を作成する際の留意点

　想定問答集を作成する際に留意すべきポイントについて教えてください。

1　想定問答集の役割

　役員には株主の質問に対する説明義務があり、後日、説明義務が尽くされなかったと判断された場合には決議が取り消される可能性があります。そのため、ほぼすべての会社が総会に際し、一問一答式の想定問答集を作成しています。

2　想定問答集作成に当たっての留意点

(1)　想定問答集の分量など

　もっとも、総会当日、株主から出される質問のすべてをあらかじめ想定できるはずもありません。また、株主の質問は一問一答式に回答できないものである場合の方が多いのが現実です。さらに、あまりに多くの質問を想定し、膨大な量の想定問答集を作成しても、検索に時間を要し、結局は使い物にならないといったことにもなりかねません。

　そのため、想定問答集を作成するに当たっては、ある程度、想定質問を絞る

くらいがちょうどよいでしょう。200 問くらいまでの会社が多いようです（12 頁）。このくらいであれば、総会当日、想定問答集の検索に多くの時間を要するといったことにはならないはずです。もっとも、白書 2015 年版によれば、資本金 1000 億円超の会社ではその 57.0％が 600 問超の想定問答集を作成しているようです（12 頁参照）。

　また、長文の回答は、当日、回答の際にそれを渡された答弁担当役員が内容を確認するのに時間がかかるという意味でも適当ではありませんし、仮に、用意した長文の回答が株主の質問に対応するものであっても、渡されたペーパーを棒読みするような答弁は避けるべきです。答弁担当役員はあくまで自分の言葉で答弁すべきです。

　そのため、想定問答集では、長々とした文章で回答を用意する必要はなく、また用意すべきではありません。

　文章で回答を作成する場合には、できるだけ短い文章にし、適宜、キーワードを太字にしたり、下線を引くなどの工夫を加えるとよいでしょう。また、重要なテーマについては、会社としての基本的な回答スタンスを記載したもの（ポジションペーパー）を作成しておくことも考えられます。いずれにしても、想定問答集は、答弁担当役員が自分の言葉で答弁するに際して参考となるような、短文のフレーズ、キーワード、必要な数値情報を中心とした簡潔な記載をしたものとなるよう心がけるべきです。また、想定問答集は株主への説明のためのものですので、専門用語の使用はできる限り避けるべきです。

⑵　想定問答集の更新

　一度、想定問答集を作成した後は、毎年、前年のものを更新して使用するのが通例です。その際には、新たなトピック（各社に共通するものおよび会社独自のもの）が生じれば追加します。また、もはや質問として想定されないものや、想定問答として用意しなくても容易に回答できるような陳腐化した内容は削除します。質問として残すものについても、数値情報や法改正など見直しが必要なものは適宜更新し、ブラッシュアップします。

Q24　リハーサルでの確認ポイント

　リハーサルで確認すべきポイントについて教えてください。

1　議事進行の確認

　ほとんどの会社が総会前にリハーサルを行っています。白書 2015 年版によ

ると、全体の 49.6％ の会社が 1 回、33.3％ の会社が 2 回（外部会場を利用する会社の中にはうち 1 回を本番会場で行うところもあります）のリハーサルを実施しています。まったく実施しなかった会社は 5.1％ にすぎません。

リハーサルでは総会の進行にあわせ、次の事項を本番さながらに進めていきます（一括上程方式（20 頁参照）のシナリオを想定しています）。

① 開会前のアナウンス（株主に対し、携帯電話をマナーモードにしてもらうようにする、役員のクールビズ対応（**Q45**）についてのお断りなど）

② 事務局および役員の入場

③ 開会宣言

④ 出席株主の報告

⑤ 監査役の監査報告

⑥ 事業報告

⑦ 議案の上程

⑧ 質疑応答

⑨ 議案の採決

⑩ 閉会宣言

⑪ 新任取締役・新任監査役の紹介

⑫ 役員および事務局の退場

一度、①〜⑫までを通しで行った後、⑦〜⑨を再度行う会社もあります。

その際、以下の一連の動作をチェックします。その上で、改善が必要なところが見つかれば、全体で確認し、その部分をやり直して修正します。

① シナリオの読み合わせ

・シナリオの中に、議長が読み間違えたり、読みにくそうにしているところはないか、誤植はないか、シナリオをどこまで読んだのかがわからなくなったことはないか（**Q62**）。

② 質疑応答の確認

・議長は、「ただいま、出席票番号○番の株主様から『○○』（質問の要約）というご質問をいただきました。」などとして、株主の質問をうまく要約し、反すうできたか。また、それによって、事務局や答弁担当役員に回答を用意する時間的余裕を与えることができたか。

・議長は株主の発言について、意見か質問かを的確に区別できたか。

・議長は、株主からの質問に対し、自分で答弁する場合と他の役員に答弁させる場合とをうまく整理し、さばけたか。その際、議長は、「ただいまの

ご質問につきましては、議長の私からお答え申し上げます。」とか、「ただいまのご質問につきましては、担当取締役の○○からお答え申し上げます。」などと前置きし、また、議長や答弁担当役員は、答弁終了後、「以上、ご回答申し上げました。」などとして、メリハリのある答弁ができたか。

・議長や答弁担当役員とサポート役の事務局との連携はうまくいったか。

③　事務局の確認

・事務局は用意した想定問答集を活用するなどして適切に機能したか。

④　社員株主の対応確認

・採決の際、議長の「ご賛成いただける株主の皆さまは拍手をお願いします。」との発言を受け、社員株主はきちんと拍手できたか。

⑤　役員の姿勢の確認

・株主からの質問に対してメモをとっていたか、答弁をしない役員の姿勢は適切だったか（うつむいたままだったり、目をつぶったりしていないか、腕組みや足を組んだりしていないかなど（**Q78**））。

⑥　会場係の対応確認

・会場係の株主へのマイクの受渡しやマイク設置場所への誘導は適切だったか。

⑦　お辞儀の確認

・入退場や議事進行中の役員や事務局のお辞儀は揃っていたか。

　なお、リハーサルでの質疑応答の際に、事務局が「気を利かせて」議長にあらかじめ質問の内容を伝える会社もあるようですが、リハーサルの意義が半減するように思われます。リハーサルでの質疑応答の際、株主役の社員が社長である議長に質問をすることを躊躇しがちなようであれば、その役を弁護士などの外部者に依頼すればよいでしょう。また、議長が、多数の従業員のいる場で質疑応答の練習を行うことをためらうときは、質疑応答の部分のみを、少人数の経営幹部が集まった場で行うことも考えられます（ただ、この場合には、質疑応答での議長と会場係の連携の練習ができないという不都合が残ります）。

2　動議などイレギュラーな事態への対応確認

　また、株主から手続的動議や議案修正動議が提出された場合など、イレギュラーな事態が生じた場合の対応も確認します。動議への対応は弁護士などを含む事務局が議長を主導した方がよいでしょう。

3　会場設営や使用機器など設営面の確認

　以上は、リハーサルの議事進行に関して確認すべき事項ですが、それ以外に

も、会場設営や使用する機器などについて、たとえば、以下のような点について確認するとよいでしょう。

（会場内）

① 会場の広さや席数は適切か

② 音響・照明・空調は適切か

③ 議長（役員）席と株主席との間隔は適切か（近すぎないか）

④ 議長席と事務局席との間隔は連携をとる上で適切か

⑤ 議長席の演台にはメモをとるための十分なスペースがあるか

⑥ 議長席の演台下には不要になったメモを捨てるためのごみ箱が用意されているか

⑦ 役員席に名札は置かれているか

⑧ 役員席は役員の足が隠れるように設置されているか

⑨ 事務局席のスペースは適切か（想定問答集などの資料や筆記用具などの事務用品を置くスペースとともに作業するスペースは十分確保されているか）

⑩ 議長席、役員席および事務局席には、使いやすい筆記用具、電卓その他必要な事務用品が準備されているか

⑪ 事務局席には、シナリオ、想定問答集、計算書類、各種社内規程等必要な書類が準備されているか（**Q38**）

⑫ 株主が使用するマイクは事務局などでコントロールできるか

（会場外）

① 最寄駅から会場までの動線には案内係や案内表示が適切に配置されているか

② 降雨時の対応は検討されているか（傘の預かり方法など）

4 受付業務の確認

当日の株主受付の対応についても、証券代行機関の協力を得て、受付担当者とのミーティングを行いながら、あらかじめ、①出席者の資格の審査・確認、②議決権数の確認・集計、③出席状況の記録、④事務局への出席状況の報告などを行う手順などについて確認しておくべきでしょう。

Q25 総会前の役員の準備

総会前に役員はどのような準備をすればよいでしょうか。

1 役員勉強会

　株式の持合いの解消によって安定株主が減り、個人株主や機関投資家の株式保有比率が高まると、これらの株主に、会社や経営者のことを直接知ってもらい、その魅力を伝えることが重要となります。そのためには、総会では、紋切型のやりとりに終始したり、説明義務のある事項に限って説明するのではなく、経営者が会社経営について、自らの言葉で語りかける姿勢が必要です。

　役員がこのような総会の位置づけをあらかじめ知った上で総会に臨むのと臨まないのとでは、おのずと役員の姿勢に違いが生じ、株主の見方も違ってきます。

　そこで、総会に臨むに当たって、役員を集め、総会で役員が果たすべき役割を理解してもらうため、以下のような内容をテーマとする役員勉強会を開く会社もあります。

① 近時の総会の傾向や株主の動向の説明

② 総会における議長の権限の説明

③ 取締役および監査役の説明義務の範囲についての説明・復習

④ 動議の内容やそれに対する対処法の説明・確認

⑤ 役員の所作についての説明・確認（株主からの質問に対してはメモをとること、うつむいたままだったり、目をつぶったりしていないか、腕組みや足を組んだりしないことなど）

　また、その際には、同時に、前回の総会を振り返り（Q4）、改善すべき点を思い出してもらったり、来るべき総会でトピックになりそうな事項があれば、それについてもあらかじめ頭に入れておいてもらうことも有益です。

2 リハーサルへの全役員の参加

　総会のリハーサルには、社外役員を含め、できるかぎり全役員に出席してもらうべきです。その際に、役員勉強会で説明されるような内容を簡略化して役員全員に伝えられれば、総会についての認識を役員全員が共有することができるからです。

　総会を充実したものにするためには、くれぐれも、各役員が、総会は議長と事務局が進めるもの、といった他人事のような認識を持つことのないようにすることが重要です。そのため、リハーサルでは、議長のみが答弁するのではなく、できる限り担当取締役などに答弁させることも検討されてよいでしょう。

8 株主判明調査・議決権行使助言会社

Q26 株主判明調査

株主判明調査が必要となる理由について教えてください。

従来は、株式の相互保有などによって安定株主がいたことから、定足数の確保や会社提案の議案が否決される懸念はあまりありませんでした。

しかし、近時、徐々に、株式の持合いが解消され、国内外の機関投資家の株式保有比率が高まり、機関投資家の議決権の行使が会社提案の議案の帰趨に大きな影響を与えるようになってきました。

また、近時は、日本版スチュワードシップ・コードやコーポレートガバナンス・コードが制定されたこともあり、機関投資家が積極的な議決権行使を行う傾向が見受けられます。

そのため、会社が機関投資家に対し、定足数確保のために議決権の行使を勧誘したり、議案の可決に向けて、あらかじめ議案の内容や会社の方針を説明して賛成票を投じてもらえるよう、直接コンタクトをとることが必要となる場合が生じるようになりました。

しかしながら、国内外の機関投資家の中には、自身の名義で株式を保有せず、信託銀行などの金融機関（カストディアンと呼ばれることがあります）の名義で保有するケースが多く見受けられ、その場合、上場会社は、議決権行使を決定する実質株主としての国内外の機関投資家を特定できず、コンタクトをとろうとしてもとることができません。

そこで、実質株主に賛成票を投じてもらうため、その探索を業務とする専門の会社に依頼して、実質株主を調査してもらうことがあります。このように、株主判明調査は、実質株主にコンタクトし、議案に賛成票を投じてもらうためなどの目的で行われます。

Q27 議決権行使助言会社

議決権行使助言会社はどのようなサービスを提供しているのですか。

機関投資家は、多くの上場会社の株式を保有し、議決権を行使します。わが

国の場合、3月決算の会社が多く、毎年6月に総会が集中するため、機関投資家は、多くの会社から送付される株主総会参考書類を短期間のうちに精査して議決権を行使しなければなりません。

しかし、現実には、すべての書類を精査することは困難です。

そこで、機関投資家に代わって、個別企業の議案の内容を精査し、機関投資家が、各議案に対し、賛成すべきか反対すべきかを推奨するとともに、その理由などを記載したレポートを送付するサービスなどを提供する議決権行使助言会社が存在します。

大手の議決権行使助言会社として、米インスティテューショナルシェアホルダー・サービシーズ社（ISS）や米グラス・ルイス社が広く知られています。

議決権行使助言会社は、機関投資家に議案の賛否を推奨するほか、毎年、議決権行使助言基準を公表しています。ISSは、2016年の日本向け議決権行使基準として、たとえば、取締役選任議案について、以下のような内容を公表しています。

「監査役設置会社においては、以下のいずれかに該当する場合、原則として反対を推奨する。

・資本生産性が低く（過去5期平均の自己資本利益率（ROE）が5％を下回り）かつ改善傾向にない場合、経営トップ（社長、会長）である取締役
・総会後の取締役会に複数名の社外取締役がいない場合、経営トップである取締役
・親会社や支配株主を持つ会社において、ISSの独立性基準を充たす社外取締役が2名未満の場合、経営トップである取締役
・前会計年度における取締役会の出席率が75％未満の社外取締役
・少数株主にとって望ましいと判断される株主提案が過半数の支持を得たにもかかわらず、その提案内容を実行しない、あるいは類似の内容を翌年の株主総会で会社側提案として提案しない場合、経営トップである取締役」

近時、取締役の選任議案のうち経営トップに対する反対比率が上昇しています。機関投資家、特に国外の機関投資家の保有比率の高い会社では議決権行使助言会社の動向に注意が必要です。

98 第2編 株主総会の実務Q&A 第1章 総会準備の実務

⑨ 議決権の事前行使（書面投票、電子投票）

Q28 議決権の事前行使

当日、総会に出席しない上場会社の株主が議決権を行使するにはどのような方法がありますか。

1 議決権行使書による議決権の行使（書面投票）

株主（目的事項の全部について議決権を行使できない株主を除く）の数が1000人以上の会社や上場会社は、書面によって議決権を行使することができることを定めなければなりません（法298条1項3号。ただし、上場会社で取締役が全株主に対して委任状の勧誘を行う場合を除きます。法298条2項、施64条。Q5）。

したがって、総会に出席しない上場会社の株主は会社から招集通知とともに送られてくる議決権行使書に賛否を記載して会社に返送することにより、議決権を行使することができます。

2 電磁的方法による議決権の行使（電子投票）

また、会社が総会に出席しない株主の電磁的方法による議決権行使（電子投票）を認める場合（法298条1項4号。Q5）には、総会に出席しない株主は電子投票により議決権を行使することができます。

この場合、会社は招集通知に電子投票を行うためのウェブサイトを記載し、株主は同サイトにアクセスすることによって議決権を行使するのが通例です。

電子投票を採用する上場会社では、なりすましによる電子投票を防ぐため、書面投票を行うための議決権行使書に、同サイトにアクセスするために必要なパスワードなどが記載されます。招集通知には、「当社指定の議決権行使ウェブサイト（http://www. ○○○）にアクセスし、同封の議決権行使書用紙に記載されたIDコードおよびパスワードをご入力いただき、画面の案内に従って賛否をご入力ください。」などの記載がされています。

Q29 議決権行使書の再発行、手製の議決権行使書の取扱い

株主から議決権行使書を紛失したため、再発行してほしいとの連絡がありました。この場合、どのように対応すべきでしょうか。また、議決権行使書を紛

失した株主から手製の議決権行使書の送付を受けた場合、どのように取り扱うべきでしょうか。

1 議決権行使書の再発行

株主からの求めがある場合、議決権行使書を再発行することは差し支えありません。ただし、この場合、議決権の重複行使を避けるために、再発行する議決権行使書には、「再発行」等の表示を付しておくのが適当でしょう。

2 手製の議決権行使書の取扱い

書面投票は、会社から交付された議決権行使書に必要な事項を記載して会社に提出して行うものとされています（法311条1項、301条1項）。そのため、手製の議決権行使書が提出された場合、実務上は一律に無効なものとして取り扱って差し支えありません。

Q30 期限後に行使された書面投票、電子投票の取扱い

期限後に行使された書面投票や電子投票はどのように取り扱うべきですか。

取締役会は総会の招集に当たり、書面投票や電子投票による議決権行使の期限を定めることができます（施63条3号ロ・ハ。なお、特に定めない場合には、総会の日時の直前の営業時間の終了時とされます（法311条1項、312条1項、施69条、70条。**Q5**））。このように書面投票や電子投票の行使期限の定めがある以上、実務上は、その期限後に行使された書面投票や電子投票は一律に無効なものとして取り扱って差し支えありません。

Q31 書面投票と電子投票の重複行使、当日出席した株主の書面投票や電子投票の取扱い

書面投票や電子投票が重複してなされた場合、どのように取り扱うべきですか。また、書面投票や電子投票を行った株主またはその代理人が、当日、出席した場合、書面投票や電子投票はどのように取り扱うべきですか。

---

1 重複投票が想定されるケース

書面投票や電子投票による議決権の行使が重複する場合としては、①株主が書面投票を重複して行う場合（ただし、**Q29**参照）、②会社が電子投票を採用する場合に、株主が電子投票を重複して行う場合、③会社が書面投票と電子投票

を併用する場合に、株主が書面投票と電子投票を重複して行う場合が考えられます。

2　重複投票がされた場合の考え方と具体的な取扱い

これらの場合には、いずれも、後になされた議決権の行使を有効なものとし、先になされた議決権の行使は、後になされた議決権の行使により撤回されたものと考えるのが原則です。もっとも、特に③の場合には、いずれの議決権の行使が後になされたものかを判断することが困難な場合があります。そこで、会社は、重複して議決権が行使され、同一の議案に対する議決権の行使の内容が異なる場合の取扱いをあらかじめ定めておくことができます（①～③の場合について、それぞれ、施63条3号ヘ(1)・(2)、同条4号ロ。**Q5**）。

具体的な取扱方法としては、後に発信された議決権行使を優先する方法、後に会社に到達した議決権行使を優先する方法、いずれの議決権行使も無効なものとして取り扱う方法、当該事項について賛否の記載がないものとして取り扱う方法が考えられます（総会の招集に際し、賛否の記載がない場合については、会社提案に賛成（株主提案がある場合には株主提案に反対）として取り扱う旨を決定するのが通例です（施63条3号ニ、66条1項2号。なお、このような定めをしない場合は棄権として取り扱います））。

このような取扱いを定めない場合、会社は、株主が後に発したことが明らかな議決権の行使を有効なものとして取り扱い、先後関係が明らかでない場合にはいずれも無効なものとして扱うのが妥当でしょう。

3　書面投票などを行った株主またはその代理人が、当日、出席した場合

書面投票および電子投票はいずれも「株主総会に出席しない株主」が議決権を行使する方法であり（法298条1項3号・4号）、株主本人またはその代理人が総会に出席した場合には、書面投票または電子投票は撤回されたものとして、本人または代理人による総会場での議決権行使を優先します。

Q32　議決権電子行使プラットフォーム

議決権電子行使プラットフォームが整備された経緯について教えてください。また、プラットフォームにはどのような利便性があるのでしょうか。

国内外の機関投資家は、自己の名義ではなく、信託銀行などの金融機関（カストディアンと呼ばれることがあります）の名義で株式を保有するケースが多く見受けられます（**Q26**）。

上場会社の場合、招集通知や株主総会参考書類は、振替口座簿に記載された信託銀行などの名義株主に送付されることから、従来、機関投資家は信託銀行などを経由して招集通知を入手し、信託銀行などを経由して議決権を行使していました。しかしながら、信託銀行などを経由する情報のやりとりには時間がかかり、機関投資家が議決権を行使するまでに議案の内容を十分に検討することができないなど、議案伝達プロセスや議決権行使結果の送付プロセスの非効率さが指摘されていました。

そこで、機関投資家の議決権行使の効率性を確保するための電子投票のインフラとして、議決権電子行使プラットフォームが整備されました。プラットフォームは、東証などによって設立された株式会社 ICJ が運営しています。

議決権電子行使プラットフォームを利用すれば、機関投資家は招集通知発送日当日に議案情報を入手できます。また、機関投資家の議決権行使結果は、毎日 2 回、会社の株主名簿管理人に送信されることから、会社はタイムリーに機関投資家の投票結果を確認できます。

第2章 総会当日の実務

1 会場設営

Q33 総会の開催場所、変更の可否

総会の開催場所は、本店や本社の所在地でなくともよいですか。招集通知を送付した後に開催場所を変更することができますか。

1 総会の開催場所

会社法では、招集通知に開催場所を記載する必要がありますが（法299条4項、298条1項1号）、開催場所を本店や本社などの所在地に限定する規定はありません。ただし、定款に定めた場所である場合などの例外を除き、開催場所が過去に開催した総会のいずれの場所とも著しく離れた場所であるときは、その場所を決定した理由を招集通知に記載しなければなりません（施63条2号）。たとえば東京と大阪は「著しく離れた場所」であると解されています。また、十分な理由がないにもかかわらず、過去の開催場所と著しく離れた場所で開催したときは、総会の招集手続が著しく不公正であるとして総会決議が取り消される場合があります。したがって、開催場所を過去の開催場所と著しく離れた場所にする場合には、その場所を決定した理由を十分に説明できるようにしておく必要があります。

2 開催場所の変更

開催場所は、招集通知に記載する事項ですから、招集通知を送付した後に変更することは原則としてできません。しかし、変更について正当な理由があり、相当な周知方法を講じることができるときは、変更はやむをえないものとして認められます（広島高松江支判昭和36・3・20下民集12巻3号569頁）。

開催場所を変更する場合には、変更した旨を株主に周知する必要があります。たとえば、速達等の郵便手段で通知しつつ、自社ウェブサイトでも目立つよう

に変更のお知らせを掲載します。また、当日は、招集通知に記載された会場へ行ってしまう株主も当然に予想されるため、係員の配置や看板等の設置、移動用のバスの手配を行うなど、変更後の会場へ案内・誘導を行うことは必須です。移動を考慮し、開始時刻を変更することも1つの手段です（**Q55**）。

3 震災等の災害時の対応

東日本大震災の発生直後に、総会の開催場所について変更を余儀なくされる場合の対応が問題となりました。この時に経済産業省が示した「当面の株主総会の運営について」（平成23年4月28日）によれば、招集事項の変更については会社法に規定がないが、変更がやむをえない場合であり（必要性）、かつ株主の権利行使を可能にする十分な配慮がなされている場合（相当性）には、招集事項の変更も許容される余地があると解される、との考え方が示されています。

Q34 会場選定の際の留意事項

総会の会場を選定する際に、どのような点に留意すべきですか。

1 自社で行うか外部の施設を借りるか

総会の会場は、自社の施設を用いる場合と、ホテルやイベントホールなどの貸会場を借りる場合とがあります。

自社施設を利用するときの主な利点は、①会場を利用したリハーサルを何度も行いやすいこと、②費用を安価に抑えることができること、③従業員を動員しやすいことなどです。他方、貸会場を利用するときの主な利点は、①会場設営のノウハウが会場側にあることが多く、設営の労力が省けること、②クロークがあるので手荷物預かりの心配をしなくてよいこと、③交通の便のよい場所で開催できることなどです。

白書2015年版によると、貸会場を利用した会社は57.3％です。自社施設が限られる小規模の会社と、多数の株主が来場する大規模の会社に、貸会場の利用傾向が強いようです。また、同白書によると、会場を選択した理由として多いのは、①運営がやりやすい、②前例にならった、③会場のスペースという点です。貸会場の場合、予約の時期は10か月～1年前が74.8％、4か月～6か月前が8.8％などとなっています。

2 規模

来場する株主数を予測します。狭い場合は、株主が入場しきれないというリ

スクがあります。想定される出席株主数の分の席を並べ、かつ、株主が予想以上に来場した場合には追加で席を並べられる空間（および椅子等の設備）が確保できることが必要です。他方、広すぎる場合は、後方の株主が質問のために挙手しているのを見逃す等のリスクがあります。この場合は、係員の適切な配置等が必要です。

　狭すぎるのも広すぎるのもよくないですが、どちらかといえば広めの方がよいといえます。最近は出席者数が予測しにくく、多数の株主が来場する可能性もあるところ、株主が総会の会場に入りきらない事態は避けなければなりませんし、すし詰め状態では議事が紛糾したときに集団心理が働きやすくなります。空調も効きにくくなります。これに対して、広すぎる場合には、ベルトパーテーションを用いて、会場後方や左右を使用しないように調節することで、適度に株主を会場中央へ誘導すれば問題ありません。

3　交通の便

　公共交通機関の事故に備え、複数の交通手段で来場できるかどうかも1つの考慮要素となります。また、役員が宿泊を要する場合、徒歩圏内にホテル等があるかどうかも検討事項です。

4　受付・入退場・映像・音響の点で支障がないか、避難経路や消火設備は問題ないか

　多くの株主は開始時刻の直前10分間あたりで集中して来場します。それを適時に受け付けるだけのスペースや机等の準備が必要です。事業報告等をスライド、映像で行う場合（**Q63**）は、映像や音響の設備が問題ないかどうかを確認します。また、多数の株主が十分に出入りできる入口かどうか、役員の控室があるか、控室と会場との往来の際に株主の入退場と動線が重ならないか、避難経路や消火設備は問題ないか、といった検討も必要です。

5　第二会場を設ける可能性がある場合（Q35）

　第一会場と映像・音声をやりとりできる設備があるか、質問を希望する株主を第一会場まで誘導する場合にはその距離や経路に問題がないか、等を確認します。

Q35　第二会場を設ける場合の留意事項

　会場の規模に比べて多数の出席者が見込まれるので、第二会場を設ける必要がありますが、どのような点に留意すればよいですか。

1　第二会場の必要性

　来場した株主全員が入場できない状態でした総会決議は取消しの原因となります（大阪地判昭和49・3・28判時736号20頁〔チッソ事件〕）。したがって、Q34でも説明したとおり、会場はこれまでの出席株主数の実績と今年の状況の変化等をふまえて、株主が入場しきれない事態を避けられる会場を選定すべきです。しかし、1つのホールや会議室に収容できる程度の会場が確保できない場合もあります。こうした場合には、第二会場を設けて株主の出席や議決権の行使を確保する必要があります。

　白書2015年版によると、第二会場等の予備の会場を用意した会社は21.2％でした。

2　第二会場の設置に関する留意事項

　第一会場と第二会場は、総会という会議体としての一体性を確保する必要があり、一体性がないと認められる場合は総会決議の方法が著しく不公正であるとして取消事由となりえます。一体性を確保するには、各会場で議長や株主の発言を聴くことができるようにする必要があります。たとえば、モニターやスピーカーを設置して、第一会場の議長の議事進行が第二会場で常に把握できるようにします。また、第二会場の株主に発言させる方法としては、第二会場からマイクで発言してもらう方法と、第一会場まで案内をして、第一会場で発言してもらう方法とがありますが、後者の方が多いようです。いずれの方法でも、株主の発言は必ずマイクを通じて行わせるようにして、その音声がすべての会場に同時に流れるようにします。

　さらに、第二会場で発言を求める株主に気づかず、採り上げるべき第二会場からの質問や発言を受け付けなかった場合には、これも総会決議の方法が著しく不公正であるとされる可能性があります。したがって、議長に代わり、第二会場の係員が発言を求める株主の有無を確認し、発言を求める株主がいた場合には、ただちに議長または事務局へその旨が伝わるような仕組みを講じておく必要があります。議長も、第一会場の株主からの質問等を受けつつ、適宜のタイミングで、「第二会場の株主様からはご質問はございませんでしょうか。」といった確認を求めることが肝要です。

Q36　当日の警備対策、安全対策

　当日、会場で暴力行為や威迫などのおそれがある場合、警備対策はどのよう

にすべきでしょうか。また地震等の災害に備えた安全対策はどのようにすべき
でしょうか。

1 警備対策

暴力行為や威迫などのおそれがある場合は、議長や従業員のみでは適切に対
処できない可能性があります。そこで、議場の秩序や円滑な議事進行を確保し、
議長や出席株主の安全を守るために、警察官に会場に臨場し、または別室に待
機してもらい、暴力行為等があった場合、ただちに逮捕等の措置を講じること
ができるようにすることを、多くの企業で実施しています。白書2015年版に
よると、警備・整理のために、警察の応援を受けた会社は91.7%、警備会社
へ依頼した会社は24.5%です。

このような措置は、議事運営に責任を負う議長の裁量により可能といえます
(**Q80**参照)。あらかじめ余裕を持って会場の所轄の警察署へ相談し、臨場等を
要請しておくことが必要です。

また、株主が議長に暴力を振るったり、議長席へ物を投げ込んだりする可能
性に備え、議長席と株主席に一定の距離をとり、その間に柵などを置いたり、
段差を設けたりすることもあります。ただし、総会屋の来場のおそれがない場
合は、そのような会場設営を必要以上にすることが一般株主に違和感を抱かせ
ることになるともいえます。株主構成や暴力行為の前例の有無などをふまえ、
適度な会場設営を心がけるべきです。

2 安全対策

強い地震や火災が発生し、避難の必要がある場合に備え、安全対策を講じる
必要があります。少なくとも、株主が慌てて避難しようと出口に殺到して負傷
者が出るとか、誘導を誤って被害を拡大することのないよう、複数の避難路を
確保し、適切に指示し誘導しなければなりません。そのため、会場の確認を綿
密に行うとともに、避難誘導の練習を行うなどの対策も必要に応じて検討すべ
きでしょう。総会の開始前に、事務局などが株主に対して避難経路を示すこと
もあります。

Q37 議長と事務局の連携の方法

議長と事務局が議事進行に際して円滑にやりとりをするために、どのような
準備を行う必要がありますか。

1 事務局の役割

総会当日において、事務局は、議長の議事進行を補佐します。例を挙げると次のとおりです。

① 議長がシナリオどおりに議事を進めているかをチェックし、重大な読み誤りや読み飛ばしがあった場合には議長の説明を止めて誤りを指摘し、議長に訂正させます。

② 総会の出席者数や定足数の報告を行います。

③ 報告事項でスライドやナレーションを用いる場合、その操作を行います。

④ 質疑応答に入ったら、株主が質問のために挙手しているのを議長が見逃さないよう、あるいは特定の株主を繰り返して指名したりしないよう、会場を観察して議長に適宜指摘をします。

⑤ 株主の質問を聴き、想定問答集から適切な回答を瞬時に検索したり、その場で回答を考えたりして、議長や答弁担当役員に回答を示します。回答をする議長や役員の回答漏れがあった場合は、その指摘をします。

⑥ 動議や不規則発言などがあった場合に、対応するシナリオを議長に差し入れたり、進行について適宜指摘をします。

⑦ 質疑応答が長時間にわたる場合には、打切りのタイミングを判断し、議長にその旨を伝えます。

⑧ 採決を挙手や拍手で行う場合には、決議要件を充たすかどうかを確認します。

⑨ 議長や答弁担当役員の疑問や質問に答えます。

2 議長と事務局の連絡方法

事務局から議長への連絡方法としては、直接、回答や台詞を記載した紙を差し入れる方法、それらをパソコンで入力して議長の手元のモニターやプロンプターに映し出す方法、手書きでメモを書いてビデオカメラを通じてモニターに映し出す方法などがあります。議長の側から事務局に対して協議や相談をしたい場合の留意点については、Q64を参照してください。

3 会場設営に関する留意事項

事務局は、このように総会の議事進行中に議長と多数回にわたってやりとりを行うことから、議長席のすぐ後ろに席を設けることが合理的であり、多くの会社ではそのような配置としています。ほかに、事務局は株主席から見えない位置におり、通信手段で議長とやりとりするという方法もあります。また、役員は株主に正対して横並びに座ることが多いですが、事務局については、メン

バー同士で協議することや資料・パソコン等の置き場所を考慮して、株主からは横向きになるように座り、2列で向き合うかたちで机と席を配置することがよく行われています。株主に顔を向けない格好となりますが、あくまで裏方、黒子という役目ですから問題ありません。

席の配置は会社によってさまざまですが、議長と直接やりとりを行う担当者を定め、他の事務局は回答や議事進行上の指摘をその者を通じて行うのが効率的な方法です。その場合、その担当者が議長に最も近い席に着きます。弁護士を同席させる場合、議長へ助言することも多いことから議長の近くに座らせるか、あるいは中央の席で各担当者に助言するというスタイルもあるでしょう。

Q38　事務局の手元資料

事務局はどのような資料を会場に準備すべきですか。

Q37で説明した役割に照らして、たとえば以下のような資料を準備します。
① 議事進行のシナリオ
② 想定問答集
③ 計算書類・財務諸表の補助資料や有価証券報告書、コーポレート・ガバナンス報告書、定款、社内規程集、会社の最近の製品・店舗に関する情報やプレスリリースの資料、株価に関する資料（株主から詳細な質問があった場合に備えて用意します）
④ 動議、不規則発言、災害発生等のイレギュラーな事態が生じた際に議長に示すための議事進行シナリオ（それぞれの事態に応じて、通常のシナリオよりも大きな字のカードを用意し、議長に示すという方法が好ましいでしょう）
⑤ 株主の質問を書き留める用紙と筆記用具
⑥ その場で回答を作成して議長に示すための用紙と筆記用具（なるべくはっきりと見えるような太いペンを用意しておくとよいでしょう）
⑦ パソコン（ウェブサイト等を検索できるよう、インターネットに接続できる環境としておきます）
⑧ 時計、電卓、携帯電話や無線などの連絡用のツール、六法など

特に、想定問答集や回答のための社内資料は、質問に対して長時間待たせることのないよう、ただちに検索できるように整理しておく必要があります。

Q39　議長・役員の手元資料

　議長や出席役員はどのような資料を会場に準備すべきですか。

1　シナリオ

　議長は当然のこと、その他の役員も、進行の状況を随時把握し、またシナリオに沿って起立やお辞儀を行うことがあるので、必要に応じて手元に置いておきます。

2　想定問答集、その他質問への回答に必要な資料

　回答する可能性のある役員が、自分の担当業務で質問が予想される分野に関し、回答に役立つと思われるものを手元に置くということはあります。他方、全般にわたる詳細な資料は、Q38 で説明したように事務局が手元に置いて、適宜参照し、回答の案を示す、ということでかまいません。

3　質問をメモするための用紙と筆記用具

　質問が意見などを含めて長くなったり、複数の質問が1度になされたりすることがあるので、質問を漏らさず把握して回答する必要があります。そこで、議長はもちろん、他の役員も、用紙と筆記用具を準備しておきます。事務局があらかじめ全役員の席に配布しておくとよいでしょう（Q78 参照）。

Q40　総会のビデオ撮影の可否・留意点

　正確な記録のために、総会の会場をビデオ撮影しようと考えていますが、ビデオ撮影は許されますか。また、ビデオ撮影の際に留意すべきことはありますか。

　総会の議事進行をビデオで撮影し、証拠化や記録化をすることもあります。この場合、撮影により株主の顔が映ることがあり、これを避けたい株主がいることも考えられるので、肖像権の点で配慮する必要があります。総会における会社によるビデオ撮影に関して、株主が不法行為に基づく損害賠償請求訴訟を提起した事例（大阪地判平成2・12・17資料版商事法務83号38頁〔大トー事件〕）では、撮影が肖像権の侵害として違法性を具備し、損害賠償義務を負うか否かは、撮影目的の相当性、撮影の必要性、撮影方法の相当性等の諸事情を考慮し、社会的に相当な撮影といえるかどうかによって決せられる、と判示し、それぞれについて概略、以下のように認定しています。

110　第２編　株主総会の実務Q&A　第２章　総会当日の実務

①　撮影目的の相当性

ビデオ撮影は、総会議事の正確な記録（議事録の作成等）と将来の総会決議取消訴訟等における証拠保全の目的で撮影したものと認めることができ、撮影目的は相当性を有していたものと認められる。

②　撮影の必要性

被告会社の総会においては、多数の不規則発言があり、総会が長時間にわたるなどの事態が十分予想され、正確な議事録作成や総会決議取消訴訟に備えるためには、速記や録音テープだけでは不十分な事情があったものと充分認め得る。

決議が適法になされたかどうかの判断においては、決議の対象になった議案の審議の状況、過程の立証が必要であり、議場の混乱等不測の事態はいつ起きるか予測できないものであることを考えると、証拠保全のためには、総会の開会から閉会まで撮影しなければ、証拠保全の用をなさないと認められる。

③　撮影方法の相当性

発言者をズームアップで撮影している部分もあるが、発言者を特定するに必要な限度にとどめられているし、かつ、会場の後方からの撮影であることが認められる。原告らは、発言している場合にズームアップで撮影されることはあっても、そのほかの場合に特に原告らを対象に撮影が行われているものではない。

したがって、ビデオ撮影については、これら①撮影目的の相当性、②撮影の必要性、③撮影方法の相当性といった要素を考慮して行うことが必要です。

また、撮影している旨、その使用目的、株主は映らないよう配慮していること（または後ろからの撮影で顔は通常は映らないこと）等を議長や事務局から総会の冒頭で説明すべきです。株主の申出がある場合には、カメラから外れて映らないような席に案内することや、発言に際して名前を述べなくともよい扱いとすることなども考えられます。

Q41　総会のマスコミへの公開の許否・留意点

総会の会場にマスコミを入場させたり、別室にモニターを置いてマスコミに公開したりすることは許されますか。また、どのような点に留意すべきでしょうか。

総会をマスコミに公開する場合は、映像等は基本的にメディアを通じて不特定多数の者が視聴できる状態となりますから、社内のみで使用するビデオ撮影

の場合よりもいっそう、株主のプライバシーや肖像権に配慮する必要があります。

Q40 で述べたように、株主が極力映らないような撮影を行うなどの配慮をする必要があるので、マスコミが会場に入場する場合は、その点をマスコミに求め、会社が総会の模様を撮影して別室でマスコミに公開する場合は、撮影の範囲等に留意する必要があります。また、いずれの場合も、マスコミに対して、発言をした株主の名前や出席票の番号を報道しないように求めるなどの配慮も必要です。出席した株主に対しては、報道機関に映像を公開している旨も説明すべきでしょう。

Q42　会場係の役割

　会場係は、駅から会場まで、会場施設内、会場内のそれぞれにおいてどのような役割を有していますか。

1　駅から会場まで

総会場の場所やルートについては、通常、招集通知の末尾などに案内図を記載していますが、会場周辺の地理に不案内な株主が迷うことが考えられます。そこで、最寄りの駅の出口やバス停に係員を配置し、「○○株式会社第○回定時株主総会」と明記した看板や紙で、株主に会場への道順を案内することが多くの企業で行われています。また、駅やバス停からの順路にも、交差点等の迷いやすい箇所に係員や看板を配置します。

事故等で交通機関に遅れが生じた場合は、遅延の情報を得て会場へ連絡したり、開始時刻直前にまだ多数の株主が会場に向かっている等の情報を会場へ伝えたりする役割もあります。

2　会場施設内

大きなホテルやホールを会場とする場合は、何階のどの部屋が会場であるかがわからない株主のために、入口やエレベーター、エスカレーター付近に係員が立ち、会場へ誘導します。また、会場のみならず、トイレや喫煙所、休憩所、自動販売機、クロークなどの場所を訊かれることがあるので、館内の構造を頭に入れておく必要があります。

3　会場内

受付を済ませた株主を席へ誘導します（受付を済ませたかどうか不明の株主に、出席票を所持しているかを確認することもあります）。満席に近くなることが想定

される場合は、あらかじめ前の方から詰めて座ってもらうなどのため、係員が「こちらでお願いします。」「前の方からおかけください。」といって誘導することも必要となります。混み合ってきたときは空席がすぐに見つからないので、空席を探す役と、株主を誘導する役に分かれるなど、連携して株主を誘導します。また、総会開始前は、議長も不在であることから、会場内で不審な動きがないか、急病人が発生していないかといったチェックも行います。

総会開始後も、遅れて入場した株主の誘導や不審な動き等のチェックといった役割がありますが、質疑応答時の補佐が主な役割でしょう（**Q43**）。

Q43　質疑応答時の議長と会場係との連携

質疑応答時において、会場係はどのような役割を有していますか。

質問を希望する株主は、通常、挙手をして、議長からの指名を受けて初めて、質問をすることが認められます。このような質疑に関するルールは、議長が質疑の前に説明するのが一般です。会場係は、議長に対し、挙手をしている株主の場所を手などでわかりやすく伝え、かつ、議長が指名をした株主が質問できるように補助する役割を負います。議長が、発言を求めて挙手をしている株主を見落としたまま、ほかに質問する株主がいないからといって質疑を打ち切ってしまった場合は、まだ質問希望者がいることをただちに議長に伝える必要があります。

議長の指名を受けた株主がどのようなかたちで質問するかは会社により異なりますが（**Q44**参照）、株主が自席で質問するという方法の場合には、会場係がハンドマイクをその席まで持参し、質問が終わるまで待機し、質問が終わったらマイクの返却を受けます。株主がスタンドマイクのある場所まで行って質問するという方法の場合には、会場係が株主をその場所まで誘導し、終了後は席まで案内します。必要に応じて、株主がマイクをずっと持ったまま次々と質問や意見を述べ続けるのを避けるため、すぐにマイクの返却を受けたり、スタンドマイクのスイッチを切ったりすることを徹底する場合もあります。

Q44　スタンドマイクかハンドマイクか

株主の質問の仕方として、株主が自席でハンドマイクを持って質問する方法がよいでしょうか、それとも、スタンドマイクを用意して、株主をそこまで誘

導して質問してもらう方法がよいでしょうか。

1 ハンドマイクで質問させる方法

　株主が移動する必要がなく、「なぜ移動しなければいけないのか」といった株主の不満もありませんし、指名を受けてから質問までの時間も（会場係がスムーズにマイクを渡せば）比較的短く済みます。他方で、マイクを渡すので、株主によっては、質問や発言を延々と行い、議長の回答後もさらに質問を行う、という可能性があります。これを避けるために、**Q43** で述べたとおり、質問が終わったらただちにマイクを会場係に返してもらうようにすべきです。

2 スタンドマイクを用意して株主を誘導する方法

　株主がスタンドマイクの場所で質問をするため、（メリットというかどうかは微妙ですが）否応なく目立つ格好となり、質問を希望する株主が一定数絞られる面もあります。また、ハンドマイクを渡す場合の上記のデメリットも相当程度避けられます。ただし、スタンドマイクから離れずに質問を延々と続ける、という可能性がないわけではありません。また、スタンドマイクの場所と株主の席が離れていると、移動するまでに時間がかかり、総会の長時間化をもたらし、間延びした印象も与えます。他方で、発言した株主に席に戻ってもらった上で役員が回答するという方法をとる場合は、戻る間に回答の準備をする時間がとれるというメリットもあります。

　マイクを離さずに質問等を続けることに関しては、**Q43** で述べたとおりスイッチを切ることで対応することや、あるいは、質問者用の席をマイク付近に設け、質問が終わったらいったんその席に着いてもらい、マイクから離れるように誘導する方法をとることもあります。

Q45　役員の服装（クールビズ、社章など）

　昨今は多くの企業が通常業務ではクールビズを実施しており、6月総会などはその時期に該当しますが、総会でも役員がクールビズで出席してよいでしょうか。また、社章はつける必要がありますか。

---

1 クールビズ（軽装）

　世間一般にもクールビズは浸透しており、かかる時期でのクールビズ対応自体は非難されるものではないでしょう。白書 2015 年版によると、クールビズ（軽装）を実施した会社は 20.8％、冷房温度を弱冷房（28℃等の一定温度）に設

定した会社は 16.5％でした。

なお、直前に不祥事を起こした等の事情で、例年以上に神妙な対応が必要と考える場合には、クールビズではなく上着・ネクタイを着用するという方針とすることも考えられます。

クールビズで臨むという場合には、役員が入場する前に、事務局が会場内での注意事項の説明等とともにその点をあらかじめ告知しておくことがよく行われます。また、会場が節電しているのであれば株主にも軽装を勧めておくべきということで、招集通知にその旨を記載する場合も多いです。

2 社章

クールビズ対応で上着も着ない場合には社章はつけないでしょう。上着を着用する場合は、社内の役員や係員は社章の有無が不統一とならないよう、いずれにするかを事前に決めておくべきです。

なお、社員株主が出席する場合は、通常、業務ではなく有給休暇を取得して一個人として出席しているのですから、社章はつけるべきではありません。

② 受付

Q46 株主資格の確認方法

受付で、来場する株主が真の株主であることを確認するには、どのような情報でどの程度のチェックをすればよいでしょうか。

1 個人株主の場合

(1) 招集通知に同封された議決権行使書用紙・委任状用紙を持参した場合

株主と認めて差し支えありません。これらは確認のための書類ですから、株主の押印は不要です。ただし、議決権行使書用紙から出席票だけを切り離して持参してきた場合は、後述の(2)と同じ扱いとします。

また、上記の書類は一応の確認の手段ですから、受付の者などが株主の顔を把握しており、明らかに株主とは別人であると判断できる場合は、株主と認めず入場を拒否することができます。

株主の氏名と性別が異なると思われる場合でも、そのことのみを理由に別人と判断できるとは限らないことから、性別の確認は行わないという会社も多いです。白書 2015 年版によると、性別を確認している会社は 11.0％です。た

だし、株主の配偶者であることが判明した場合は、配偶者が代理人としての資格を充たさない限り（**Q47**）、入場を認めることはできません。

(2)　(1)の書類を持参していない場合

氏名、住所等を申告してもらう方法、それに加えて申告内容が株主名簿と一致するかどうかを確認する方法、さらに運転免許証や身分証明書等によって本人確認を行う方法があります。白書2015年版によると、氏名、住所が株主名簿と一致するかを確認する方法が70.5％と多いようです。

株主であることの証明責任は株主が負いますから、上記のような資料もなく、株主であることが立証できない場合は、議決権行使をしえないとしても、決議取消事由とはなりません。

(3)　代理人が出席しているのに本人が来場した場合

(1)(2)で確認を行い、代理権授与を撤回するという場合であれば、代理人自身が株主でもある場合を除き、代理人を退場させます。

2　法人株主の場合

通常は、代表取締役ではなく総務部等の従業員が出席します。従業員が、社員証や名刺等で当該法人の従業員であることを証明し、かつ、職務代行通知書や委任状により代理権を証明するか（**Q15**）、当該法人に送付した議決権行使書を持参していれば、従業員が株主でなくとも、法人の代理人として認めてよいといえます。白書2015年版によると、議決権行使書用紙（委任状用紙）を提出させた会社が76.1％と多いようです。

Q47　代理人資格の確認方法

　株主の代理人として来場した者が、株主から正式に委任された者であることを確認するには、どのような情報でどの程度のチェックをすればよいでしょうか。

1　代理権の証明

代理人の資格を定め、代理権を証明する方法を定めるときは、その方法は、定款に規定するか、総会の招集の際にあらかじめ定める必要があります（法298条1項5号、施63条5号）。そのような定めがある場合、その方法により代理権が証明されれば、代理人と認めます。委任状に議決権行使書を添付することを求めていれば、その双方があればよいということになります。

会社が送付した委任状に、株主の記名押印があるものを提出した場合は、株

主本人から委任状の交付を受けたものと考えられるので、代理人と認めます。私製の委任状を提出した場合、押印が株主本人の意思によるかどうかを確認する必要があるというのが原則でしょうが、白書2015年版によると、印鑑証明書の提出を求める会社が3.0％、議決権行使書の添付を求める会社が58.7％、株主の本人確認書類の提示を求める会社が17.9％であり（複数回答）、特に方針を定めていないという会社も34.7％あります。

　また、今回の総会に出席して議決権を行使することの委任状であることを委任文言（会社名、会日、回数等）で確認する必要があります。さらに、委任状勧誘規制が適用される場合は、委任状には議案ごとに賛否を記載する欄を設けなければなりません（金商法施行令36条の2第5項、勧誘府令43条）ので、そのような記載のある委任状であることを要します（**Q16**）。

2　代理人を株主に限定している場合

　上記のような要件を充たした委任状が提出されるのであれば、委任状を持参した者が、委任状に受任者と表示された者と同一人であると認めてよく、受任者の「本人確認」は不要です。しかし、代理人を株主に限定している場合は、**Q46**にあるような方法で、代理人の株主資格を確認します。

Q48　実質株主の出席要求への対応

　名義上の株主は信託銀行ですが、信託を行った実質株主である機関投資家から、名義上の株主に代わって出席したいとの申入れがありました。この申入れに応じなければならないでしょうか。

　株主は、あくまで株主名簿上の者であり、信託銀行や株式保管銀行に株式を信託等した投資会社等（実質株主）ではなく、実質株主を株主として出席させる必要はありません。

　もっとも、コーポレートガバナンス・コードにおいて、実質株主が名義上の株主に代わって自ら議決権の行使等を行うことをあらかじめ希望する場合に対応するため、信託銀行等と協議しつつ検討を行うことをうたっています。たとえば、代理人を株主に限定している場合には実質株主は代理人とはなれないものの、名義上の株主の代理人として委任状を提出してもらい、実質株主であることを証明できれば代理人としての出席を認める、との対応をとることもありうるでしょう。この場合、代理人を株主に限定している趣旨が、第三者による総会の攪乱等のおそれを防止する点にあり、実質株主の場合にはそのようなお

それがないから、との理屈が考えられます。ただし、上記のように代理人としての出席を認める場合も、なぜ実質株主だけは認めるのか（ほかにも総会の撹乱等のおそれのない非株主の出席は認めるべきだ（**Q49** 参照））といった意見に配慮したり、実質株主ごとの対応に差異が生じないように事前に信託銀行等と十分に協議したりする必要があります。

Q49　株主以外の者の入場・同伴・傍聴の可否

下記の者（株主でない場合）を総会の会場に入場・同伴させ、議場で傍聴させることは許されますか。
① 弁護士・公認会計士・税理士等の専門家
② 通訳、介助者

1　株主でない専門家（弁護士・公認会計士・税理士）

代理人資格を定款で株主に限定している会社で、非株主である弁護士の代理人資格を認めなかった事例において、総会が同人の出席により撹乱されるおそれがあるなどの特段の事由がない限り、合理的な理由による相当程度の制限ということはできないとして、出席を認めるべきとの判断をした裁判例もありました（神戸地尼崎支判平成 12・3・28 判タ 1028 号 288 頁〔野村證券出席権侵害慰謝料請求事件〕）。しかし、その後のいくつかの裁判例は、いずれも代理人を株主に限る旨の定款の規定に基づき、非株主である弁護士の出席を認めなくとも違法ではないと判断しています（宮崎地判平成 14・4・25 金判 1159 号 43 頁〔宮崎日日新聞事件〕、東京高判平成 22・11・24 資料版商事法務 322 号 180 頁〔大盛工業事件〕）。これらの裁判例では、非株主が来場した場合、受付において、職種の確認や、総会の撹乱のおそれの有無の判断をしなければならず、受付事務に混乱を生じさせ、円滑な総会運営を阻害するおそれがあるという点も指摘されています。

これらの裁判例に沿って、非株主である弁護士などの入場を認めないとする対応をとるのであれば、株主が、議決権行使や質問について助言を受けるために、自らは株主ではない弁護士や公認会計士等の専門家を同席させたいと申し出た場合でも、これらの者が出席することは認められません。代理人としてであっても、本人とともに出席することは認められません。

2　通訳、介助者

外国人株主が通訳を同席させたいと申し出た場合も、株主でない者の出席は

認められないことから、入場を拒否することはできます。しかし、上記の裁判例が指摘するような、総会の攪乱のおそれや、受付事務の混乱、円滑な総会運営の阻害のおそれがない場合は、入場を認める余地もあるでしょう。

介助者については、通常、株主が来場して議事に参加するために必要な補助者ですから、総会の秩序を維持することに支障がなければ、入場を認めてかまいません。

3 留意点

株主以外の者は総会の出席者ではなく「傍聴者」にすぎず、議決権行使、質問、意見陳述などを一切認めてはなりません。通訳の場合は、総会場内で認める役割として、あくまで外国人株主に対して総会における議長、役員、他の株主等の発言内容を翻訳して外国人株主に伝える役割にとどめる場合と、外国人株主が発言したいときにその発言を翻訳して議長や役員へ伝え、回答を外国人株主に翻訳して伝えることまで認める場合とが考えられます。どこまでを認めるか、事前に明確にしておき、入場の際にその点を伝えておく必要があるでしょう。

このような点について、入場を認めるに際して、口頭で伝えて依頼するほか、誓約書を用意してサインをしてもらうということも考えられます。

Q50 途中の入退場・再入場に関する取扱い

株主が遅刻してきた場合、議事の途中から入場を認めてよいでしょうか。また、議事が進行中であるが株主が帰るといった場合、退場を認めてよいでしょうか。その場合、議決権数などの扱いはどうなりますか。いったん退場した株主の再入場は認められますか、またその場合の扱いはどうなりますか。

---

1 途中からの入場

株主は開始時刻までに入場しなければならないとの義務を負うものではなく、また、途中入場それ自体が議事進行や秩序維持に関して問題となるわけではありませんから、議決権行使の権利を有する以上は、入場を認めなければなりません。総会の秩序を乱すような事情があると議長が判断した場合でもない限り、入場を認めなければ決議取消事由となりえます。ただし、採決について当日集計をするなど、シビアな方法をとる場合は、採決時に議場をいったん閉鎖して出入りを禁止することがありますから、そのような場合は入場を待ってもらうことも許されます。

2　途中での退場

　株主が議決権を行使しないと判断するのも自由であり、退場は認められます。この場合、議案の賛否が微妙で、議決権数が重要であるときは、出席株主の議決権数から退場者の議決権数を控除する必要があります。したがって、退場する株主の議決権数を把握します。他方、大株主等によって賛否が決している場合は、特に退場者の議決権数を集計する必要はありません。

3　再入場

　退場した株主が再入場を希望する場合もあります。そこで、再入場の際には出席票を示してもらい入場を認めるという扱いとし、退場する株主に再入場の可能性があるならば出席票を持っていてもらうよう要請します。

Q51　所持品検査の可否

　入場者について、受付で所持品検査をすることは認められますか。その場合の留意点は何でしょうか。

　株主のプライバシーや、検査による入場の長時間化を考えると、所持品検査は、通常は必須とまではいえず、多くの会社では平時であれば実施していません。他方、爆発物や角材などの危険物の持込みのおそれが大きい場合、ビラやチラシを配布する可能性がある場合、IC レコーダーやカメラの使用を制限しておりそれらの持込みを禁止する場合などには、議場の平穏が乱され、円滑な議事進行の妨害を受けることを避けるために、秩序ある総会を運営すべき立場にある会社が、受付で所持品検査をすることは認められます（福岡地判平成3・5・14 判時 1392 号 126 頁〔九州電力事件〕、仙台地判平成 5・3・24 資料版商事法務 109 号 64 頁〔東北電力事件〕）。白書 2015 年版によると、所持品検査や会場への持込み制限を行った会社は 24.1％であり、制限をした物は主として傘（20.1％）です。

　所持品検査を行う場合は、持込みを禁止する物品をあらかじめ具体的に列挙し、受付で判断できるようにしておきます。検査に際しては、上記のような物品の有無を確認するために、必要最小限度で手荷物の開披を求めたり手で触れたりする等の確認を行います。

120 第2編 株主総会の実務Q&A 第2章 総会当日の実務

Q52 レコーダー・カメラの持込みへの対応

　株主が議事進行の様子を無断で記録するのを防止するため、ICレコーダーやカメラの持込みを禁止したいのですが、そのような制限は可能でしょうか。また、議場でICレコーダーやカメラを使用している株主について、どのように対応すべきでしょうか。

1 レコーダー・カメラの持込み制限

　株主がICレコーダーやカメラを使用することにより、株主等の自由な発言の妨げとなったり、出席者の肖像権やプライバシーの侵害という問題を招いたりするおそれがあります。会社は、秩序ある総会を運営するために、議事運営に混乱を来すおそれ、議場の平穏や総会の秩序を乱すおそれ、質疑応答の自由を妨げるおそれ等のある場合に、これらの持込みを制限することができます（福岡地判平成3・5・14判時1392号126頁〔九州電力事件〕、仙台地判平成5・3・24資料版商事法務109号64頁〔東北電力事件〕）。

2 レコーダー・カメラの使用が発覚した場合

　株主がICレコーダーやカメラを使用し、それによって議事運営に混乱を来すおそれ、議場の平穏や総会の秩序を乱すおそれ、質疑応答の自由を妨げるおそれ等があると判断される場合、議長は、総会の秩序維持権（法315条1項）として、それらの使用を禁止することができます。使用禁止命令に従わない者に対しては、退場を命じることができます（同条2項。Q79）。

Q53 傘、コート、鞄など手荷物預かりの対応

　受付で、傘、コート、鞄などの手荷物を預かることはできますか。その場合にどのような手続をとったらよいでしょうか。

　ホテル等の貸会場であれば、その施設のクロークに預けてもらうことで対応が可能です。自社などの場合で、議場のスペースが限られており、傘やコート等を置くことが難しい場合などに、サービスの一環として手荷物を預かることは可能です。手荷物に貴重品が入っていないことを確認し、クローク札等を用意して渡します。受付の混乱、遅延を防ぐため、手荷物の係は受付とは別に設ける方がよいでしょう。

　傘は預かるのではなく、傘立てを用意して置いてもらうという方法がありま

す。この場合は、他の場所における場合と同様「取り違えにご注意ください。」といった注意書きを添えておくことが望ましいですが、それ以上は自己責任の範疇に属するといえます（もっとも、来場者以外の通行人などが容易に持ち去ることのできる場所に置かない、といった配慮は必要でしょう）。

Q54　お土産の要否、渡すタイミング

来場した株主にお土産を配ることを検討していますが、そもそもお土産を出す必要がありますか。出す場合は、どの程度のお土産ならば問題ないでしょうか。お土産は来場時に渡す方がよいか、それとも総会終了後に渡す方がよいでしょうか。

1　お土産の要否、内容

総会への参加の感謝のしるし、株主へのサービス、または自社商品等の宣伝といった目的でお土産を提供する会社が多いといえます。白書 2015 年版によると、お土産を出している会社は 78.0％であり、物品としては、自社製品が 27.8％、他社製品が 53.8％等となっています。金額は、1000 円以下が 46.5％、2000 円以下が 41.3％、3000 円以下が 8.6％等となっています。他社製品は、主としてプリペイドカード等、タオル・ハンカチ等、優待券・ギフトカード等、文房具等です。あまりに高額のお土産は、利益供与の疑いを招き、また来場しない株主との間での不平等を生じます。社会通念上の「お土産」としての範囲を超えないように留意する必要があります。

お土産の要否については、上記のように株主へのサービス、自社商品等の宣伝といった目的と、それによる来場者の増加、調達コスト、当日の配布の負担等を考慮して検討すべきです。

2　お土産を渡すタイミング

来場者の人数、来場者に漏れなく渡すことができるかどうか、受渡し場所での混乱を招かないか、といった要素を考慮して決めます。来場時に渡す場合は、受付業務との関係で、円滑に受渡しができるように工夫する必要があります。他方、終了後は一斉に株主が退場するので、これも迅速に漏れなく受け渡せるような方法を考える必要があります。白書 2015 年版によると、受付時に渡した会社は 52.2％、総会の終了時（途中退出を含む）に渡した会社は 45.4％です。なお、来場時に渡すと、お土産を受け取って出席せずに帰ってしまうという株主もいるようです。

また、ときどき、来場者が予想以上に多く、お土産が不足するという場合があります。こうした場合は、当日渡せなかった株主に後日郵送できるよう、送付先を申し出てもらうこともあります。

③ 議事進行

Q55 開始時刻の変更の可否

災害や交通機関の事故で株主の多くが遅れて来場している場合、開始時刻を繰り下げることは可能ですか。また、反対に開始時刻を早めることは可能ですか。

1 開始時刻の繰下げ

やむをえない事由で株主の多くが定刻になっても来場していない場合は、議決権行使の機会をより確保し、無用の紛争を防ぐため、合理的な範囲で開始時刻を繰り下げることも可能です。ただし、あまり長時間にわたり遅らせると、すでに到着している株主との関係で問題やトラブルとなる可能性もあります。遅れの原因やその解消の見通しといった事情にもよりますが、通常は30分程度が限度でしょう。定刻から3時間10分遅延して開会した総会について決議取消しが争われた裁判例においては、事由のいかんはともあれ、開会時間を不確定とし定刻に参集した株主に対し、開会時における臨席を困難ならしめるもので、著しく手続が不公正であり、取り消されるべき瑕疵があると判断しました（水戸地下妻支判昭和35・9・30判時238号29頁）。

やむをえず開始時刻を遅らせる場合は、会場係がその旨を議場に説明しておく必要があります。

> 会場係：総会の開始時刻ではございますが、○○の事情により、開始時刻を○分遅らせていただきます。ご迷惑をおかけいたしますが、よろしくご理解のほどお願い申し上げます。

2 開始時刻の繰上げ

予定時刻に到着した株主について、総会への出席の機会を奪うことになりかねず、仮に定足数を充たす株主がすでに出席しているとしても、開始時刻を早めることはできません。

Q56　社員株主の優先入場・前方への着席・与党的発言

　反対派の株主や総会屋が議事進行を妨害したり議長に危害を加えたりすることを防止するため、社員株主を通常の開場時刻より先に入場させ、最前列に着席させるという取扱いをすることは可能ですか。また、社員株主が、議事を進行させるために「賛成」「了解」「議事進行」と大声を発したり、打切りの動議を出したりすることは問題がありますか。

1　社員株主の優先入場・前方への着席

　受付開示時刻前に社員株主を入場させて前方に着席させた事案において、裁判所は、同じ総会に出席する株主に対して同一の取扱いをしない合理的な理由があったとはいえず、会社の措置は適切なものではなかったと判断しています（最判平成8・11・12判時1598号152頁〔四国電力事件〕）。合理的な理由の有無について基準が明確ではありませんので、開場時刻より先に入場させて前方に着席させるという取扱いは避けるのが無難です。議事進行の妨害や議長への危害の防止については、議長席と株主席の間を離したり段差を設けたりする等の設営上の工夫や、係員、警備員、警察などによる警備態勢で対応すべきでしょう。

2　社員株主の与党的発言

　社員株主が自発的な意思で「賛成」「了解」「議事進行」と発言したり、打切りの動議を出したりするのはもちろん自由ですが、総会屋の活動が活発だった時代から、こうした言動が会社からの内々の指示や促し、シナリオに応じて行われ、リハーサルに社員株主が出席して「練習」をするなどの例が見られました。それ自体もただちに違法等の問題を生じるわけではありませんが、これらの言動が、他の一般株主の発言を封殺したり、質問する機会を奪うなど、一般株主の株主権行使を不当に阻害する行為と認められれば、こうした行為を行わせることは、取締役ないし取締役会に認められた業務執行権の範囲を超え、法令に違反しまたは決議の方法が著しく不公正な場合に該当しえます（大阪高判平成10・11・10資料版商事法務177号255頁〔住友商事事件〕参照）。もはやこうした言動は時代錯誤ともいうべきであり、通常の総会であれば、たとえば、拍手により採決をするという場合に、積極的に拍手をしない、あるいは拍手のタイミングがわからない一般株主が自然と拍手できるよう、社員株主が率先して拍手する、という程度にとどめるのが無難です。

124 第2編 株主総会の実務Q&A 第2章 総会当日の実務

Q57 大株主の着席場所を確保する方法

大株主の議決権が議案の可決にとって重要である場合、決議に際して、議長や事務局が賛否の意思表示を確認する必要がありますが、どのように着席場所を確保したらよいでしょうか。

上場企業でも、相当の割合を保有する大株主が存在することはあり、場合によっては議案や手続的動議の採決結果に影響するので、議事進行中、大株主の着席場所や賛成・反対の意思表示を議長や事務局が確認する必要があります。そこで、通常は、大株主に、最前列や前方の中央部分など、見えやすい場所に座ってもらうこととなります。そのため、受付で大株主が来場したことがわかるようにしておき、すぐに係員がついて誘導します。大株主にはその旨を事前に連絡し、できれば早めの時刻に来場してもらうよう依頼すべきでしょうが、予定どおりとならない場合に備え、最初に入場した社員株主に席を押さえてもらうなどして一定の席を確保し、他の株主には別の席を勧めるなどの対応が必要となるでしょう。

Q58 不規則発言、秩序を乱す行為への対応

反対派の株主や総会屋による、不規則発言や、議場を歩き回るなどの秩序を乱すような行為に対して、どのように対応したらよいですか。

まず、議事整理権、秩序維持権に基づき、議長がこうした言動を注意します。受付番号がわかる場合は番号を特定し、番号で特定できない場合は、手で指し示すなどして、不規則発言や徘徊をやめるよう求めます。注意してもやめない場合は、それ以上続けると退場命令を発するということを警告します。マイクを持って発言している場合は、マイクを取り上げたり、スイッチを切るなどの措置をとったりします。それでもやめない場合には、議長の判断で退場を命じることができます（**Q79**参照）。

> 議長：○番の株主様、不規則発言はおやめください。／そちらの株主様、席にお戻りください。

> 議長：不規則発言を続けますと、退場いただくことがございます。／席にお戻りにならないと、退場いただくことがございます。

Q59　株主が入場しきれない場合の対応

　予想に反して、多数の株主が来場し、会場に入りきれない状況となった場合、どのように対応すべきですか。

　株主を入場させずに総会決議を行えば、決議取消事由となりえます（大阪地判昭和49・3・28判時736号20頁〔チッソ事件〕）。そこで、まずは会場に椅子を追加して対応し、それでも収容できなければ部屋の外部の通路にも席を置いて扉を開けたままで議事を進行できるか試みます。また、当日設置の第二会場として別室を設け、スピーカーやモニターで第一会場の様子がわかるようにし、質問や動議提出を希望する場合には第一会場にそれが伝達され、議決権行使もできるような準備ができれば、別室も議場として認められます。どうしても難しい場合は、株主に大変失礼ではありますが立見で入場してもらうという対応もやむをえません。

　このような手段でともかく株主を入場させるべきですが、それも難しい場合には、会場の変更または総会の会日の変更（延期または続行。法317条）を行わねばなりません。

Q60　取締役・監査役が欠席する場合

　取締役・監査役が都合により欠席することは問題ありませんか。欠席した場合の対応としてどのような点に留意すべきですか。

1　取締役・監査役の欠席の可否

　会社法上は、取締役・監査役の説明義務は定められています（法314条）が、出席自体が義務づけられているわけではありません。役員が欠席をしても、他の役員によって説明義務を尽くすことができるのであれば、総会の手続上、問題とはなりません。

　取締役・監査役は善管注意義務を負いますが、正当な事由があるときは欠席しても善管注意義務違反とはなりません。病気や遠隔地への赴任・出張、社外役員が兼務している他社で業務に従事する必要がある場合などが、正当な事由

といえます。白書2015年版によると、取締役が全員出席した会社が86.2%、監査役が全員出席した会社が87.1%です。他社総会に出席した役員のいる会社は、取締役が6.1%、監査役が6.5%でした。

2　欠席者がいる場合の対応

議長または他の役員が答弁できるように準備を行う必要があります。当日は、当該役員が欠席していることを議長から説明し、株主から欠席の理由を問われた場合には、たとえば以下のように、合理的な理由を回答できるようにします。

> 議長：○○取締役は、アメリカに駐在しており（兼務する会社での業務に従事するため）、今回、総会には出席することができません。

なお、株主が欠席している役員を指名して回答を求めたとしても、議長はそれに拘束されずに回答者を決めることができます。

Q61　取締役・監査役候補者の出席の要否

決議事項として新任の取締役・監査役を選任することとなっていますが、その候補者を出席させる必要はありますか。

取締役・監査役の候補者は総会への出席義務はありませんが、総会の閉会後、新任役員として紹介することがあります。その場合は、たとえば前方の端の席などを確保して着席してもらい、最後に紹介します。なお、選任議案において、株主から、候補者に意向表明や自己紹介をさせろといった要求がなされる場合もありますが、応じる必要はありません（想定問答に含めておくことも多い）。

Q62　議長のシナリオの読み方

議長は、議事進行のシナリオを読む際に、どのような点に留意すればよいでしょうか。

総会は演説やプレゼンテーションの場ではないので、やや極端にいえば株主席を見据えるまでの必要はなく、実直にシナリオを朗読することに徹することです。原稿を読んでいるということが株主に伝わってもかまいません。議長のシナリオに記載された内容は、議事進行や事業報告、決議事項の説明という、総会の手続や議案の根幹をなす部分ですから、シナリオを読み誤ったり、独自の判断で読み飛ばしたりしてはなりません。特に、金額や数字については間違

えやすいので慎重に読みます（シナリオにふりがなを付けたり読みやすい表記としたりすることも多いです。**Q20**）。もっとも、事務局が議長の朗読を注意深く聴き、重大な誤りがあればただちに議長の朗読を中止させて訂正をさせますから（**Q37**）、議長はともかくシナリオどおりに、堂々と、明瞭に、ゆっくりと読み進めることに専念すべきです。

Q63　ビデオやスライドを用いた報告

　最近、報告事項を議長が朗読して報告するのではなく、ビデオやスライドを準備して放映・映写することが多いと聞きますが、そのような必要がありますか。また、どのような点に留意すればよいでしょうか。

　議長や担当役員が、事業報告等の報告事項を全部朗読して報告する必要はなく、適宜の方法で報告を行って差し支えありません。最近は、開かれた総会、一般株主にわかりやすい総会の観点から、独自にビデオやスライドの資料を作成し、事業報告の記載事項のみならず、自社の営業展開や今後の中長期的な計画についてもビジュアル化して説明するというかたちで報告を行う企業が多くなっています。白書 2015 年版によると、映像等による事業報告等を実施している会社は 85.0％です。その方法としては、パソコンを利用してプロジェクタで映写した会社が 51.8％であり、映像等で報告した内容は、主として事業報告（95.5％）、連結計算書類（85.6％）です。

　もっとも、必ずそのように工夫しなければならないということではなく、来場すると予想される株主の人数、顔ぶれや、準備に要する時間と費用、当日の時間配分などを考慮して、従来の朗読形式で行くか、ビジュアル化を図るかを社内で適宜検討すればよいでしょう。

　ビデオやスライドを用いる場合は、映像機器や音響機器、パソコンを使用するため、当日に不具合が生じて説明ができなくならないよう、機器のチェックやリハーサルを入念に行う必要があります。スライドを用いて、録音したナレーションではなく議長が説明を行う場合は、そのためのシナリオ作成とリハーサルが必要です。万一、当日に機器の故障等でビデオやスライドが利用できなくなった場合に備え、議長が事業報告等の朗読や要旨の説明を行う方法に切り替えるシナリオも用意しておきます。

Q64　議長が事務局と協議する場合

　議事進行中、議長が事務局と協議・連絡をする必要がある場合、どのような点に留意したらよいでしょうか。

　議長が、株主からの質問や動議の提出などを受けて、即答できず（または即答しない方がよいと考えて）、事務局と相談する必要が生じたときは、次のように述べて、事務局と協議したり、事務局からの指示を受けたりしてかまいません。

> 議長：ただ今の株主様のご質問（動議）につきましては、事務局と相談いたしますので、少々お待ちください。

　株主席へ視線を向けていないと株主から不満が出る、と思うかもしれませんが、むしろ、事務局とのやりとりが不十分で回答や対応を誤る方が問題ですから、協議する際には、事務局の方を向いてよいし、十分に時間をかけてかまいません。

　シナリオの重大な読み間違いや、回答内容に誤りがある場合に、事務局は議長に即座に誤りを指摘し、訂正を促す必要がありますが（Q37）、その場合、あらかじめ決めた方法で（「議長」と声を出したり、近い者が背中を叩いたりして）発言をやめさせます。事務局が訂正内容を伝える際も、議長は事務局の方を向いて内容を正確に把握すべきです。

Q65　質問者の決定方法、人数・質問数等の制限の可否

　多数の株主が挙手をして質問を求めている場合、どの株主から指名したらよいでしょうか。また、1人当たりの質問数を制限してもかまいませんか。

　議長は、指名する順序を自らの裁量で決定することができます。通常は、質疑応答に入る際に、発言を希望する株主に挙手を求め、挙手をした株主の中から、議長が適宜の者を指名します。

　質問者が少ない場合は、適宜の順序で指名すればよいですが、多くの株主が挙手している場合は、審議の状況、経過時間、先になされた質問の内容、ひいては充実した審理の遂行という点を考慮して、質問を整理する必要があります。

　このことから、議長は1人当たりの質問数を制限することも可能です。質

問数については、ある株主に何問も質問させ、時間が迫ってきたら他の株主には1問しか認めない、というのは公平性を欠く印象を与えるので、質疑応答に先立ち、以下のように告げて制限することもあります。

> 議長：本日は、少しでも多くの株主様のご質問をお受けするため、ご質問はお1人様○問（○問程度）とさせていただきます。

白書2015年版によると、発言1回当たりの質問数に制限を設けた会社は29.5%であり、1問とした会社が12.4%、2問とした会社が9.9%、3問とした会社が2.7%です。

Q66　株主にわかりやすい指名の仕方

質問を希望する株主を指名する場合、議長はどのように発言すればわかりやすく指名することができますか。

出席者が少数であれば、手で株主を指し示して「そちらの株主様、どうぞ。」と指名すればよいですが、ホールなどの広い場所で多数の株主が挙手している場合は、「こちらから見て右側の前から5列目、青い服の方、どうぞ。」というように、席の場所や服装などで特定するとよいでしょう。会社によっては、会場をA・B・Cといったブロックに分け、「Aブロックの○○の株主様。」と特定したり、受付で複数の色の紙やカードを用意して株主に配布して、発言のために挙手する際にはそれを掲げてもらい、色で特定する、という方法もとられています。

Q67　発言株主から氏名を述べることを拒否された場合

株主が発言をする場合、出席票の番号と氏名（姓のみ）をまず言ってもらい、株主を特定していますが、個人情報を明かしたくないということで氏名を述べることを拒否されました。この場合、氏名を述べてもらわないまま質問を受けてもよいでしょうか。

議長が、株主を指名して発言してもらう際に、出席票の番号と氏名を言った上で発言するよう求めることが一般です。これは、誰が総会で発言したのかを記録にとどめるためです。指名されても名乗らずに質問を始める株主がいます。その場合には、議長が以下のように出席票の番号と氏名を言うよう促すことが

多いです。

> 議長：株主様、おそれ入りますが、出席票の番号とお名前をおっしゃった上で
> ご発言いただけますか。

この議長の発言に対して、単に株主がルールを失念していただけならば名前を名乗ってもらえますが、個人情報を明かしたくないので名前を述べたくない、と断る株主もいます。その場合は、議長に議事整理権があるといえど、無理に名乗らせるのではなく、そうした事情ならばやむをえないとして出席票の番号のみを述べてもらう、という対応をとることが無難です。

なお、こうした株主の言い分に配慮して、そもそも出席票番号のみを言ってもらう対応とする会社もあります。

Q68　株主から質問がなされたときの議長の発言

　株主から質問がなされたとき、まず議長はどのように発言すべきですか。

議長は、質問を聴いたらまず、質問の内容を適宜要約します。これにより、質問内容の趣旨を明らかにするととともに、その間に答弁担当役員や事務局が回答の準備をする時間を確保することができます。その上で回答します。要約をした上で、株主にそのような質問でよいかどうかを確認することもあります。

> 議長：ただいまの株主様のご発言は、……というものです。（よろしいでしょう
> か。）
> 　この点については、議長である私からご回答いたします。／この点については、
> 担当の○○取締役よりご回答いたします。

事務局と協議した上で回答する必要があれば、**Q64**で述べたとおり、「事務局と相談いたしますので、少々お待ちください。」と告げて協議をしてかまいません。

Q69　1度に多数の質問がなされたとき

　1人の株主から、同時にいくつもの質問が続けてあった場合、議長はどのように対応すべきですか。

1 質問を途中で止める

　株主が、1つの質問をした後に続けて「それから」と次の質問を始めることがあります。このような場合、3問程度であれば質問を受けた上で1つずつ回答する、という対応が可能でしょう。しかし、それ以上の質問を1度にされると、議長や事務局が整理しきれず、十分な回答ができないおそれがあります。また、1人に多数の質問を認めて他の株主の質問の機会を奪うことも適切ではありません。

　そこで、質問が多数にわたると判断できるときは、議長が途中で質問を止める必要があります。株主が発言の冒頭に「10問、お尋ねします。」と述べたような場合も同様です。

> 議長：おそれ入りますが、1度にあまりたくさんのご質問をお受けしますと、ご回答に漏れが生じてもいけませんので、ご質問を区切っていただきますよう、お願いいたします。

> 議長：本日はたくさんの株主様がご発言を希望されていますので、おそれ入りますが、2～3問程度に限ってご質問をお受けいたします。

　2つ目の発言例の場合、質疑応答の冒頭に、1人当たりの質問数を制限しておくと（**Q65**）、それに従った対応として要請しやすいでしょう。

2 回答を質問ごとに区切って対応する

　すでに株主が複数の質問をしている場合は、それらに回答する必要があります。この場合、質問ごとに、**Q68**で述べたように質問内容を要約し、1問ごとに議長自ら、または担当役員を指名して回答します。

> 議長：ただいまの株主様のご質問は、1点目として……、2点目として……、3点目として……というものです。

> 議長：ご質問について、1問ずつお答えしたいと思います。1点目については担当の〇〇取締役から、2点目については議長の私から、3点目については担当の〇〇取締役から、それぞれご回答申し上げます。
> 　まず……の点につきまして、担当の〇〇取締役よりご回答申し上げます。⇒（担当役員が回答）⇒次に……の点につきましては、議長である私からご回答申し上げます。

Q70　同じ株主からの関連質問への対応

　株主が1つ質問をし、議長がそれに回答しましたが、同じ株主が続けて「関連質問です。」といって次の質問を始めました。議長はどのように対応すべきですか。

　関連質問であれば、続けて質問をしてもらう方が審議の充実につながります。他方、関連質問が長く続き、かつ、ほかにも多数の株主が挙手して発言を希望している場合、1人の株主に多くの時間をかけることは好ましくありません。他の株主の質問に応じる必要があることを説明して、他の株主を指名します。

> 議長：ほかにも多くの株主様がご発言を希望しておられますので、おそれ入りますが、他の株主様のご質問をお受けいたしたく、ご理解のほどお願いいたします。

　また、状況に応じて、発言は認めるが、関連質問は2～3問に制限する、という議事整理も考えられます（**Q69**）。

Q71　内容の重複した質問への対応

　先に回答した質問と内容が重複する質問がさらになされた場合、議長はどのように対応すべきですか。

　株主が総会において実質的に同一の事項について繰り返して説明を求める場合には、会社側がこれに対して説明する義務はありません（法314条、施71条3号。**Q86**）。したがって、内容が重複する質問があった場合は、重ねて回答することは拒否できます。もっとも、単に拒否するとのみ回答して済ませるのでは議場の雰囲気に影響することもありますから、状況に応じて、再度、先の質問に対する回答を繰り返して（または要約して）述べるという対応も考えられます。

> 議長：株主様、おそれ入りますが、先ほどの株主様からご質問のあった点と重複いたしますので、ご回答は先に申し上げたとおりです。

議長：先ほどの〇番の株主様のご質問と重複いたしますので、簡潔に申し上げますと、……（回答の要約を述べる）。

Q72 「後で回答する」との回答の是非

　質問が詳細な数値に関するものであったため、回答に時間を要することが見込まれる場合、「ただいまのご質問については後ほど回答いたします。」と述べて回答を後回しにすることは問題がありますか。

　結論としては、避けた方が問題が少ないといえます。

　時間的な観点から、事務局に回答の準備をさせつつ、他の株主の質問を先に受けて対応する、ということ自体は、議長の議事整理として可能であると考えられます。しかし、10分も20分も待たせると質問をした株主に不満を抱かせかねません。そのように回答に時間を要する質問は、詳細にすぎるゆえに説明義務の対象でないという整理も可能です。いったんこうした詳細な回答準備を行うと、他の株主の詳細すぎる質問にも対応しなければならなくなります。事務局にとっても、複数の質問に同時に対応することとなり、負担であるといえます。さらには、あってはならないことですが、後回しにしたところ、何らかの行き違いで回答をしないまま採決に入ったり総会を終了させたりしてしまうという問題も生じかねません。

　そこで、回答すべきと思われる質問は、基本的には多少時間をとってでもその場で事務局が回答を準備して議長や担当役員に回答させることが望ましいでしょう。他方、上記のとおり、不必要に時間を要する質問はそもそも説明義務の対象ではないと判断し、回答を拒否することも可能です（具体的にどのような場合に回答を拒否できるかは、**Q86** 参照）。

Q73　英語など外国語での株主発言

　最近は外国人投資家も増え、株主が外国語で質問をしてきました。この場合、回答をしなければならないでしょうか。

　日本国内における、日本の企業の総会ですから、使用する言語は日本語であり、外国語での発言を認める必要はありません。審議の充実という点からも、日本語でのやりとりが必要であることを伝え、質問をやめさせたり、回答をし

ないという対応をとります。もっとも、その旨を日本語で伝えた場合、当該株主に通じないという可能性もありますが、言語の相違で意思疎通が図れなかったとしても、決議の方法が著しく不公正であるとまではいえないでしょう。

他方で、企業のグローバル化が進み、開かれた総会が標榜されている状況において、外国語での発言でも、議長や担当役員が理解できれば受け付け、外国語で回答する、といった対応も考えられます。ただし、他の出席者や役員が理解できるよう、議長や議長の指名した言語を理解する者が質問内容を要約し、回答も外国語とあわせて日本語でも行う必要があるでしょう。

Q74　長時間にわたる質問の打切りのタイミング

　株主の質問が長時間にわたり、やめようとしない場合、議長は質問をどのように打ち切るのがよいでしょうか。

会社に対して回答を求める事項を尋ねるには、どんなに長くとも数分あれば済むはずですから、質問が合理的な範囲を超えて長時間にわたる場合、議長は簡潔に発言するよう求めたり、時間を区切ったりする必要があります。

> 議長：株主様、ご発言は簡潔にお願いします。

> 議長：ご発言が長くなってまいりましたので、おそれ入りますがあと１分でおまとめください。

また、本当に質問となる部分はごく一部であり、その他は前提や意見、演説にすぎないはずですから、議長が、株主に、尋ねたい事項を整理するよう求める場合もあります。

> 議長：○番の株主様、おそれ入りますが、端的にご質問をお願いします。

それでも発言が続く場合は、質問を打ち切らざるをえません。その上で、たとえば「ここまでの部分について、ご回答申し上げます。」と述べ、質問のあった点に対して議長または担当役員が回答します。

> 議長：ご質問の内容が明らかでないため、ご発言を打ち切らせていただきます。

議長：（あと 1 分でおまとめください、と予告していた場合）おそれ入りますが、1 分が経過しましたので、ここでご発言を打ち切らせていただきます。

Q75　議長の欠席、途中交替の方法

　議長となるべき代表取締役が交通事故などで来場できなくなった場合、どのような手続で誰が代わりに議長を務めるべきですか。また、議事の途中で議長の具合が悪くなり職務を継続できない場合はどうですか。

　議長の選任について、定款に、社長が議長となることや、社長に事故がある場合についてのルールが規定されている場合には、その定めに従って選任します。「事故」とは、病気や途中退場の場合も含みます。たとえば、副社長が次の順序となっている場合は、副社長が次のように述べて議長を務めます。

副社長：社長が先ほど交通事故に遭い、議長を務めることができなくなりましたので、定款第○条の定めに従い、私が議長を務めさせていただきます。

副社長：社長は、急病のため議長の職務を継続できなくなりましたので、定款第○条の定めおよびこれに基づく取締役会の決議に従い、私が議長を務めさせていただきます。

　定款や取締役会決議で順序を定めていない場合は、総会において、適切な者を議長候補者として提案し、出席株主の多数決で賛成を得て選任します。
　社長が遅れて到着した場合は、それまでの議長が議長交代の動議を出し、可決の上、それ以降、社長が議長を務めることができます。

Q76　休憩、延期、続行

　議事進行の途中で休憩を挟む場合や、延期、続行する場合、議長はどのような手続で行う必要がありますか。

1　休憩

　休憩については、議長の裁量で、議事の進行状況等を考慮して、宣言するかどうかを決めることができます。何時何分まで休憩とすると告げて、休憩をとればよいでしょう。もっとも、所要時間が 1〜2 時間程度の総会であれば、通

常は休憩をとる必要はなく、むしろその間の入退場によって出席株主数に変動が生じたり、受付での対応が煩雑となったりする可能性がありますから、休憩をとるのは採決を投票で行い、その集計のために時間を要する場合や、災害が発生した場合などに限られるでしょう。

2 延期、続行

議長が開会を宣言して総会が成立した後、議事に入らずに会日を変更する場合（延期）や、議事に入ったが審議未了で後日に再開して継続する場合（続行）については、法317条で総会の決議により決する旨が規定されています。したがって、延期や続行については、休憩と異なり、議場に諮る必要があります（東京地判昭和38・12・5判時364号43頁）。決議をする場合は、後の総会の日時と場所を定めることを要しますが（東京地判昭和30・7・8判時56号6頁〔白木屋事件〕）、これを議長に一任するという決議をすることも可能でしょう。

近時、不適切な会計処理等の問題で、決算の修正作業が間に合わない場合、総会を延期、続行するという対応をとることもありますが、この場合は、会日を後日に変更するために、いったん総会を開催し、延期の決議をすることもあります。

なお、延期、続行による総会は当初の総会と一体ですから、招集決定や招集通知の発送を改めて行う必要はなく（法317条）、議案の追加はできず、議決権を有する株主も当初の総会において議決権を有する株主です。ただし、剰余金の配当議案がある場合は、定款の期末配当に関する基準日の効力が基準日から3か月を経過した時点で失われると解される可能性があります。したがって、この場合は、基準日から3か月以内の日を延期、続行による総会の会日とするか、延期、続行をしないという対応になります。

3 休憩、延期、続行の要求が株主からあった場合

株主から要求があった場合については、**Q109** を参照してください。

Q77　役員のトイレ離席

議事進行の途中で、出席役員がトイレのために離席することは許されますか。

当該役員が一時的に離席しても議事進行に影響がないのであれば、離席は許されます。その際には、役員は事務局を通じて必ず議長に伝えるようにしましょう。ただし、**Q76** で述べたとおり、1〜2時間程度の通常の総会であれば、休憩を挟まないのが一般であり、したがって役員がトイレのために離席すると

いうことも極力回避すべきでしょう。株主席からは離席するところが見えるため、出席者から質問や野次が出るなど紛糾する可能性もあります。役員としては、体調を整え、総会の直前は過度の水分の摂取を控え、必ずトイレに行くなどして対策を講じるべきでしょう。

Q78　回答しない役員の態度

役員席で、株主の質問に回答している議長または担当役員以外の役員は、どのような態度でいるべきでしょうか。

役員席にいる役員のうち、質問に回答していない役員は、ともすると傍観者的な立場になり、議場の前部で株主と向き合い、株主から見られている、という意識が乏しくなりがちです。株主席からは役員席がよく見えますから、緊張感がない姿勢でいると目についてしまい、役員全体についてマイナスのイメージを与えかねません。

まず、ずっと下を向いていると、議事進行に関心がないとか、株主の視線を避けているという印象を与えます。時折、机上の資料に目を通すなど、下を向くこともあるでしょうが、基本的には、株主席をよく見て、視線を前に向けるべきです。シナリオを手元に置く場合も、それをずっと見ているのは印象がよくありません（なお、役員席の役員がシナリオを一斉にめくると、株主席からはシナリオを見ていることが見え見えとなるので、適宜のタイミングでめくる、ということも心がけるべきです）。時間が経過すると、姿勢が続かず、つい腕組みや足組みなどをしがちですが、これも株主から見えると悪印象です。居眠りなど言語道断です。

前を向くという以外に、株主の質問や役員の回答について他の役員もメモをとる、ということも、質疑内容のチェックという内容面以外に、株主に与える印象という面でもメリットがあります。

Q79　退場命令の出し方、留意点

議場で怒鳴り散らして議事進行を妨害したり、議長や会場係などに暴力を振るったりする出席者に対して、退場命令はどのような手順で発するべきでしょうか。

出席者が総会の秩序を乱す場合は、適切な議事進行や決議の妨げとならない

よう、議長が適宜、議事整理権や秩序維持権を行使し、議長の判断で退場を命じることもできます。退場の可否について決議をとる必要はありません。他方、むやみに退場を命じるのでは、株主の議決権行使の機会を不当に奪う権限濫用行為と評価され、決議の方法が著しく不公正であるとして決議取消事由となったり、不法行為に基づく損害賠償請求が認められたりする可能性もあります。

そこで、議長は、まずその株主に注意をし、秩序を乱す行為を中止するよう説得することが必要です。それでもなおお妨害行為や暴力をやめない場合、次は、退場命令を出す可能性について「警告」をします。それでもやめない場合に初めて、退場命令を発します。発令した以上、退場するまで議事進行を止め、必ず退場させなければなりません。

<注意>
議長：〇番の株主様、静粛に願います。／席にお戻りください。

<警告>
議長：〇〇を続けますとご退場いただく場合がございますので、おやめください。

<退場命令>
議長：〇番の株主の退場を命じます。警備担当者はその株主を退場させてください。抵抗するときは臨場している警察官に引き渡してください。

退場命令があった場合、指示を受けた会場係は、退場者に出口を示して退場するよう促します。これで自発的に退場すればよいですが、退場しようとしない場合、退場者をつかんだり押したりすることはできる限り避けるべきです。退場者から、後日、会場係から暴行を受けた（正当防衛ではない）という言いがかりをつけられる可能性があるからです。なかなか難しいところですが、手を出したり相手をつかんだりせず、できる限り複数の会場係で、視線や体で少しずつ圧力をかけて出口の方向へ追い込んでいくという方法がとられます。

白書2015年版によると、議長の命令に従わない者等への対応として、警告を発したのみの会社は2.1％、マイクを取り上げた、またはスイッチを切った会社は0.2％、退場を命じた会社は0.9％、特に警告も退場も命じなかった会社は0.4％です。なお、96.2％の会社が、秩序を乱すような事態は生じなかったと回答しています。

Q80　臨場する警察官の位置づけ

議場に臨場する警察官は、総会においてどのような位置づけですか。

暴力行為や威迫などのおそれがある場合、警察官の臨場（または別室での待機）を要請することになります（Q36）。総会屋の活動が下火となった現在でも、万一に備え臨場要請をする会社は多いです。白書2015年版では、警察の応援を受けた会社が91.7％でした。このような措置は、議事運営に責任を負う議長の裁量により可能といえます。

臨場する警察官は、もちろん株主やその代理人として議事に参加し議決権を行使する者ではありませんが、他方で、会場係のように議長の指揮命令下にあり議長の指示に従って行動するというわけでもありません。警察はあくまで独自の判断で、暴力行為等の犯罪に対して逮捕等に動く立場です。その意味で、問題を起こした株主を退場させる場合、ある程度の圧力をかけて退場させる必要があるとしても、警察が当該株主を連行して退場させるという役目を果たすわけではなく、それは議長の指示による会場係の任務です。したがって、議長は警察に逮捕や連行を求めるのではなく、会場係に問題の株主を退場させるよう要請し、その際、「抵抗するときは臨場している警察官に引き渡してください。」と告げて、会場係や出席者に危害が及ぶおそれのある場合に警察に委ねるよう指示することになります。

④　説明義務

Q81　説明義務を負う者

株主の質問に対しては、誰が説明義務を負いますか。

総会において株主の質問に対する説明義務を負うのは、取締役、会計参与、監査役、執行役です（法314条）。上場会社においては置かれていないであろう会計参与を除くと、会社の機関設計に応じて次の者が説明義務者となります。
① 　監査役設置会社：取締役・監査役
② 　監査等委員会設置会社：取締役（監査等委員である取締役を含みます）
③ 　指名委員会等設置会社：取締役・執行役

会計監査人は総会の出席義務を負わず、説明義務も負いません。ただし、定時総会において会計監査人の出席を求める決議があったときは、会計監査人は出席して意見を述べなければなりません（法398条2項）。

Q82　説明義務の範囲・程度（一般論）

説明義務の範囲や程度を教えてください。

1　説明義務を負う趣旨

総会の本質は会議です。会議でなされた報告や提案に対して、会議の参加者は、その内容を理解し、提案に賛成するか反対するかを決めるために、審議をします。審議の過程で参加者から質問がされれば、報告者や提案者が説明をします。それにより審議が充実したものとなるからです。

総会において取締役等が説明義務を負うとされているのも、総会の本質が会議であることから導かれます。総会において取締役等が報告した事項や提案した議案について、株主がその内容を理解し、議案に賛成するか反対するかを決めることができるようにするために、株主からの質問に対して、報告者や提案者である取締役等に説明義務を負わせているのです。

2　説明義務の範囲

説明義務の範囲は、報告事項と決議事項とに分けて考えることができます。

(1)　報告事項

取締役は、株主から経営を任された者として、1年の経営の結果を定時総会の場で株主に報告します。取締役からの報告は、次の書類にまとめられて株主に提供されます。また、株主に提供はされませんが、①の事業報告と②の計算書類については、その内容を補足する重要な事項を記載した附属明細書が作成されます（附属明細書は、総会の2週間前から本支店に備え置き、株主の閲覧・謄抄本の交付請求の対象となります）。

① 事業報告
② 計算書類（貸借対照表、損益計算書、株主資本等変動計算書、個別注記表）
③ 連結計算書類（連結貸借対照表、連結損益計算書、連結株主資本等変動計算書、連結注記表）

報告事項に関する説明は、株主に報告内容を理解してもらうことを目的としていますから、「①〜③の書類の記載事項」および「①②の附属明細書の記載事項その他の補足・敷衍する事項」が説明義務の範囲の目安となります。

以上が一般論ですが、裁判例には、会社の財産につき取締役の違法行為の存在が疑われるべき相当な事情がある場合には、上記の一般論の範囲を超えた説明を必要とする場合があると判示したものがあります（広島高松江支判平成8・9・27資料版商事法務155号47頁、松江地判平成6・3・30資料版商事法務134号100頁〔日本交通事件〕）。したがって、特定の事項につき相当の根拠をもって取締役の違法行為の存在を指摘する株主の発言に対しては、説明義務が生じると考えておくのが無難です。

また、総会における説明義務は、会社法上の計算書類等の内容を株主が理解するために認められているので、会社法上の書類ではない有価証券報告書や決算短信、適時開示書類の記載事項は、説明義務の範囲外であると一般に理解されています（前掲・広島高松江支判・松江地判参照）。もっとも、事業報告や計算書類等の会社法上の書類を補足・敷衍する程度の説明はしなければなりませんので、その範囲では有価証券報告書等の記載事項についても説明を行わざるをえません。

(2) 決議事項

取締役は、剰余金の配当や役員選任等の議案を株主に提案します。決議事項に関する説明は、株主に議案の内容を理解してもらい、議案に賛成するか反対するかの意思決定をしてもらうために必要な情報を提供することに目的があります。

取締役が議案を提案した理由、議案の内容や、株主が議案の賛否を決するために必要な事項は、株主総会参考書類に記載され、株主に提供されています。上場会社のように株主数が多い会社においては、総会に出席しない株主も少なくありません。そのような株主も議決権を行使することができるようにするため、書面投票や電子投票の制度が設けられており（**Q5**、**28**）、総会に出席しなくとも議案に対する賛否を合理的に判断することができるための情報として、株主総会参考書類が株主に提供されるのです。このように株主総会参考書類には株主が議案に対する賛否を判断するために必要な情報が記載されていますので、決議事項に関しては、取締役は、株主総会参考書類の記載事項とこれを補足・敷衍する範囲で説明義務を負うことになります。

3 説明義務の程度

次に、取締役等は株主からの質問に対してどの程度の説明をしなければならないのでしょうか。説明義務の程度については、裁判例が参考になります。

一般論としては、合理的な平均的株主が、合理的な理解や判断を行いうる程

度で、客観的に必要な範囲の説明をすれば足ります（福岡地判平成3・5・14判時1392号126頁〔九州電力事件〕、広島高松江支判平成8・9・27資料版商事法務155号47頁、松江地判平成6・3・30資料版商事法務134号100頁〔日本交通事件〕等）。通常の人が説明を聞いて普通に理解し判断することができる程度の説明をすればよいということになります。

質問株主が質問事項について平均的株主よりも多くの知識や判断資料を有していると認められるときは、そのことを前提として説明義務の内容を判断することも許されるとされています（東京地判平成16・5・13金判1198号18頁〔東京スタイル事件〕）。逆に、質問株主が平均的株主よりも理解力や判断力に乏しいと認められるとしても、その質問株主のために特に詳細な説明をしなければ説明義務違反を問われる、というわけではありません。

Q83　説明義務の範囲（監査役、監査等委員会設置会社、指名委員会等設置会社）

監査役はどの範囲で説明義務を負いますか。また、監査等委員会設置会社および指名委員会等設置会社における説明義務の範囲を教えてください。

1　監査役

監査役は、取締役の職務執行を監査します。そして、監査業務の結果を監査報告にまとめます。よって、監査役は、自分がまとめた監査報告の内容について説明義務を負うこととなります。

監査報告の記載事項の概要は、次のとおりです（施129条1項、130条2項、計122条、123条2項）。監査役による説明義務の範囲は、これらの記載事項を基本としてこれを補足・敷衍する程度というのが一応の目安となります。

① 監査の方法および内容

② 監査の結果（事業報告とその附属明細書が法令または定款に従い会社の状況を正しく示しているかどうかについての意見。計算関係書類（計算書類とその附属明細書、連結計算書類、臨時計算書類）が会社の財産および損益の状況をすべての重要な点において適正に表示しているかどうかについての意見）

③ 取締役の職務の遂行に関し、不正の行為または法令・定款に違反する重大な事実があったときは、その事実

④ 監査のため必要な調査ができなかったときは、その旨およびその理由

⑤ 内部統制システムの整備・運用状況が相当でないと認めるときは、その

旨およびその理由

⑥　買収防衛策等についての意見

⑦　会計方針の変更、重要な偶発事象および重要な後発事象等のうち、監査役の判断に関して説明を付す必要がある事項または計算関係書類の内容のうち強調する必要がある事項

⑧　監査報告の作成日

　また、決議事項に関しては、監査役は、取締役が総会に提出しようとする議案や書類を調査し、法令・定款違反または著しく不当な事項があると認めるときは、調査結果を総会に報告しなければならないため（法384条）、この調査結果に関する範囲で説明義務を負います。決議事項に関して注意した方がよいのは、会計監査人の選任・解任・不再任の議案です。平成26年会社法改正により、会計監査人の選任・解任・不再任の議案の決定権限が監査役会に付与されました（法344条1項・3項）。これらの議案を総会に提案するのは取締役ですが、議案の内容を決定するのは監査役会ということになりますので、これらの議案に関する質問に対しては、監査役会も説明義務を負うこととなります（Q104の⑷参照）。

2　監査等委員会設置会社

　監査等委員会設置会社においては、監査等委員でない取締役が業務執行をし、監査等委員が構成する監査等委員会が取締役の職務執行を監査します。また、決議事項に関しては、監査等委員は、取締役が総会に提出しようとする議案や書類を調査し、法令・定款違反または著しく不当な事項があると認めるときは、調査結果を総会に報告しなければなりません（法399条の5）。加えて、監査等委員会は、会計監査人選解任議案の決定をします（法399条の2第3項2号）。

　よって、監査等委員でない取締役は、監査役設置会社の取締役と同様に経営全般に関する説明義務を負い、監査等委員である取締役は、監査役と同様に、監査や議案等の調査結果、会計監査人選解任議案に関する説明義務を負います。

　ただし、監査等委員会は、監査役と異なり、監査等委員でない取締役の選任・解任・辞任・報酬等について総会で意見を述べることができるとされていますから（法342条の2第4項、361条6項）、監査等委員である取締役は、この意見に関する質問についても説明義務を負います。

3　指名委員会等設置会社

　指名委員会等設置会社においては、法416条1項各号・4項各号に掲げら

れた取締役会専決事項を除く職務が執行役に委ねられているのが通例です。したがって、経営の基本方針や内部統制システム等の取締役会専決事項や執行役に委ねていない業務執行の決定については取締役が説明義務を負い、執行役に委ねられた業務執行の決定およびその執行については執行役が説明義務を負います。

指名委員会は取締役選解任議案の決定権限を有しますから（法404条1項）、指名委員である取締役は同議案に関する説明義務を負います。

監査委員会は執行役・取締役の職務執行の監査権限や会計監査人選解任議案の決定権限を有しますから（法404条2項）、監査委員である取締役は監査や会計監査人選解任議案に関する説明義務を負います。なお、監査役や監査等委員と異なり、監査委員は、取締役が総会に提出しようとする議案等の調査・報告義務を負いません。

報酬委員会は執行役・取締役の個人別の報酬等の決定権限を有しますから（法404条3項）、報酬委員である取締役は報酬に関する事項について説明義務を負います。

Q84　説明義務違反の効果

説明義務に違反した場合にはどのような効果がありますか。

決議事項に関して説明義務違反があった場合、決議が取り消される可能性があります（法831条1項1号の決議の方法の法令違反または著しい不公正）。決議の方法に法令違反（説明義務違反）があっても、違反事実が重大でなく、かつ決議に影響を及ぼさないときには棄却の余地がありますが（同条2項）、裁判所が株主による決議取消しの訴えを同項に基づき棄却するか否かは事後的な裁判所の判断によりますから、企業側としては説明義務違反が生じないような総会運営を心がける必要があります。

なお、報告事項に関する質問であるか決議事項に関する質問であるかを問わず、説明義務違反に対しては100万円以下の過料の制裁がありえます（法976条9号）。

Q85　説明をするか否かの判断

株主からの質問に対して説明をするか、説明を拒むかをどのように判断した

らよいですか。

　株主からの質問に対して説明をするか、説明を拒むかの判断に当たっては、株主からの質問事項を次の3つの分類に分けて整理をするとわかりやすいと思います。

① 説明しなければならない事項
② 説明してはならない事項
③ 説明してもよい事項

　①は、取締役等が説明義務を負う事項です。**Q82**のとおり、総会の目的事項（報告事項＋決議事項）の範囲において、合理的な平均的株主が合理的な理解や判断を行いうる程度で客観的に必要な説明をしなければなりません。これに違反すると総会決議が取り消されるリスクが生じることになります。

　②は、取締役等が説明義務を負わず、かつ説明をしてしまうと他人や会社を害してしまう事項です。**Q86**の説明を拒否できる事項のうち、説明をすることが株主共同の利益を著しく害する場合（法314条）、会社その他の者の権利侵害となる場合（施71条2号）、説明しないことにつき正当な理由がある場合（同条4号）がこれに当たります（**Q87**）。

　③は、①②以外のすべての事項です。

　答弁担当役員および事務局は、①と②をきちんと押さえることが重要です。総会の最も重要な目的は、適法に開催し議案の可決を得ることですから、①②の範囲を理解し、決議取消しや権利侵害のリスクを回避することが大事です。それ以外の③の質問は、きわめて広範囲にわたるものですが、会社としては説明義務を負うか否かの判断に頭を悩ますのではなく、基本的には説明を行うというスタンスに立つことになります。総会には、経営陣が株主に対して会社のよさをアピールし、投資を継続してもらうというIRの側面もあります。総会を株主との充実した対話の場とするためにも、審議の充実につながらない株主の個人的興味を満足させるためだけの質問や悪意に出た質問はさておき、③の質問にも積極的に回答する姿勢が求められます。

Q86　説明を拒否できる事項

　どのような場合に説明を拒否することができますか。

　株主からの質問が次の①～⑥に該当する場合には、説明義務を負わず、役員

は説明を拒否することができるとされています。

　もっとも、法的に説明を拒否できることと実際に説明を拒否するかどうかは別問題です。②④⑥は説明をすることにより株主や他人の利益や権利を侵害してしまうため説明を拒むべきですが、それ以外の質問に対しては、総会の目的事項と関連がないからといって逐一「ただいまのご質問は、本総会の目的事項と関連がありませんので、回答は控えさせていただきます。」と回答したのでは、来場した株主に冷たい印象を与えてしまうでしょう。大事なのは、説明義務の範囲（**Q82**）や説明を拒否できる事項を頭に入れつつも、それにとらわれずに株主からの質問に対しては懇切に説明するという姿勢です。

　①　総会の目的事項に関しない場合（法314条）

　総会は報告事項を報告し、決議事項を採決する場ですから、目的事項（報告事項・決議事項）に関しない質問に対しては、説明義務は生じません。このような質問は、審議の充実につながらないからです。

　仮定に基づいた質問や法律上の議論にわたる質問もこの①に該当します。

　②　説明することが株主共同の利益を著しく害する場合（法314条）

　競争戦略上公にすべきでない製造原価等の企業秘密や、訴訟戦略上相手方に知られては困る係属中の訴訟の今後の対応に関する事項などが典型例とされます。

　③　説明するために調査が必要な場合（施71条1号）

　会計帳簿を見なければ回答できない質問など、総会の場に説明に必要な数字や資料がない場合が例として挙げられます。ただし、株主が総会日より相当の期間前に質問事項を会社に通知した場合（事前質問があった場合。**Q19**）や、質問事項について説明をするために必要な調査が著しく容易である場合には、説明義務を免れません（施71条1号イ・ロ）。

　④　説明することが会社その他の者の権利侵害となる場合（施71条2号）

　説明をすることが他人のプライバシー侵害や名誉毀損になる場合や、他社の企業秘密の漏えいになる場合などが挙げられます。

　⑤　実質的に同一の事項につき繰り返し説明を求める場合（施71条3号）

　実質的に同一の質問が繰り返された場合、すでに先の質問に対して回答がされているのですから、改めて説明をする義務を負わないのは当然のことです。

　⑥　説明しないことにつき正当な理由がある場合（施71条4号）

　説明をすると会社または答弁担当役員が刑事訴追を受けるおそれがある場合や、インサイダー取引規制に抵触する未公表の重要事実（**Q87**）などが例とし

て挙げられます。

Q87　説明してはならない事項

説明してはならない事項はありますか。

　説明をすることが株主共同の利益を著しく害する場合（法314条）、会社その他の者の権利侵害となる場合（施71条2号）、説明しないことにつき正当な理由がある場合（同条4号）には、説明をしてはなりません（Q85、86）。

　特に、説明に際してインサイダー情報を話してはならないことに気をつけましょう。インサイダー情報とは、金商法上の未公表の重要事実（166条2項、167条2項）をいいます。総会の場でインサイダー情報を話してしまうと、その情報を知って株式の売買をした株主がインサイダー取引規制違反で刑罰に処せられてしまうリスクがあります。

　たとえば、上場会社の「業務の執行を決定する機関」が、合併等のM&Aや増資、自己株式取得等の行為を「行うことについての決定」をしただけでインサイダー情報になります（金商法166条2項1号）。「業務の執行を決定する機関」は、取締役会や株主総会等の会社法上の機関に限られず、また「行うことについての決定」とは、これらの行為に向けた作業等を会社の業務として行う旨を決定したことをいうとされていますから、正式な機関決定の前であっても総会の場で議長（社長）がうっかり「○○社との間で業務提携を検討しています。」と話しただけで、インサイダー情報を開陳してしまったことになりかねません。

　議長や答弁担当役員としては、プレスリリース前の情報は総会の場では話さない、というくらいの心がまえでいた方が無難です。

Q88　質問に対する回答者（誰が回答すべきか、議長による答弁担当役員の指名）

株主からの質問に対しては誰が回答すればよいですか。議長が自ら回答する必要がありますか、それとも議長は回答者として答弁担当役員を指名してよいですか。

　議長は総会の議事整理権を有しますから（法315条1項）、株主からの質問に対して自ら回答してもよいし、回答者として答弁担当役員を指名し、答弁担

当役員に回答させてもかまいません。

　株主からの質問の全部に議長が回答する会社もありますし、逆に全部の質問について議長が答えずに答弁担当役員に回答させることを原則としている会社もあります。白書2015年版によると、総会の議長と主たる回答者を分担しなかった会社が44.4%、分担した会社が37.8%となっています（質問がなかった会社が17.7%）。資本金額が100億円を超えるあたりからは規模が大きい会社ほど総会の議長と主たる回答者を分担する企業の割合が高い傾向にあります。

　議長が回答する方式のメリットとしては、議長を務める経営トップから説明をしてもらえるということで、株主からの受けがよい点を挙げることができます。他方、答弁担当役員に回答させる方式のメリットとしては、議長の負担が軽くなり、役割分担により円滑な議事進行が可能となる点を挙げることができます。

　回答者として答弁担当役員を指名する場合、質問内容が報告事項（事業報告・計算書類等の報告）や決議事項その他の経営全般に関わるものであるときは取締役を回答者とし、質問内容が監査（監査報告）や取締役の法令・定款違反行為に関わるものであるときは監査役を回答者として指名します（Q82、83参照）。取締役に回答を振るときは、質問内容に応じて担当の業務執行取締役を指名します。役員でない者に回答させるときはQ89を、監査役に回答を振るときはQ92を参照してください。中には回答者を指名して質問をしてくる株主もいますが、これについてはQ90〜94を参照してください。

Q89　役員でない者による回答の可否

　役員でない者（執行役員、管理職、子会社の役員等）に回答をさせてよいですか。

　総会において説明義務を負うのは取締役をはじめとする役員ですから、株主からの質問に答えるのは、基本的には役員であるべきです。もっとも、質問の内容によっては、役員でない担当執行役員の方が正確かつ適切な回答を期待できる場合があります。また、持株会社の総会において事業子会社に関する質問がされたときは、持株会社の役員ではない子会社の取締役の方が正確かつ適切な回答を期待できる場合があります。

　そのため、あくまで役員の補助者という位置づけにはなりますが、役員でない者に回答をさせてもかまわないとされています。議長のさばき方については

次の例を参考にしてください。

> 議長：ただいまの株主様からのご質問につきましては、担当の執行役員○○（担当の○○株式会社の○○取締役）からご回答申し上げます。

なお、役員でない者が答弁を担当することが想定される場合には、その者のために役員側に席を設けておく必要がありますので、会場の設営に際して留意してください。

Q90　株主が回答者に議長を指名した場合

株主が回答者に議長を指名した場合、議長が回答しなければなりませんか。

株主が質問の回答者として議長を指名したとしても、議長はこれに応じずに別の担当取締役を回答者として指名してかまいません。株主には回答役員の指名権はなく、回答役員の選択は議長の議事整理権（法315条1項）に属するからです。

もっとも、回答者として議長を指名した株主の意図は、経営トップである議長（社長）から直接考えを聞きたいというものでしょう。そこで、次のようにして、はじめに答弁担当役員が回答をした上でその後に議長が補足的に説明を加えたり、あるいははじめに議長が概括的な回答をした上でその後に答弁担当役員から詳細な説明を加えるといった対応をすると、質問をした株主も納得し、他の来場株主に対しても議長の対応が丁寧であることを示すことができます。

> ＜答弁担当役員→議長の順＞
> 議長：ただいまのご質問につきましては、私をご指名ですが、担当の○○取締役よりご回答申し上げます。○○取締役、お願いします。
> 役員：取締役の○○でございます。ただいまのご質問にご回答申し上げます。……（回答）……。以上、ご回答申し上げました。
> 議長：ただいま○○取締役が申し上げたとおりですが、私からも補足してご説明申し上げます。……（回答）……。以上、ご回答申し上げました。

> ＜議長→答弁担当役員の順＞
> 議長：ただいまのご質問につきましては、のちほど担当の○○取締役よりご回答申し上げますが、まず私から概括的にご説明いたします。……（回答）……。それでは続きまして、担当の○○取締役よりご回答申し上げます。

150　第2編　株主総会の実務 Q&A　第2章　総会当日の実務

Q91　株主が回答者に特定の社外取締役を指名した場合

　株主が回答者に特定の社外取締役を指名した場合、その社外取締役が回答しなければなりませんか。

　株主が質問の回答者として特定の社外取締役を指名したとしても、議長はこれに応じずに別の担当取締役を回答者として指名してかまいません。株主には回答役員の指名権はなく、回答役員の選択は議長の議事整理権（法315条1項）に属するからです。

　もっとも、平成26年会社法改正やコーポレートガバナンス・コードの制定を受けて、社外取締役の存在は株主から注目を集めており、特に著名人が社外取締役を務めている会社にあっては、その声を聞くために総会に出席したという株主も少なくないと思われます。たとえば次のような質問については、社外取締役が回答するのが適切であり、そうすることで株主の納得感も高くなると思われます。もしこのような質問に対し社外取締役を回答者として指名することを想定するならば、その旨を事前に社外取締役に伝えておいた方がスムーズです。

① 　社外取締役から見た会社の課題（強み・弱み）
② 　事業報告の社外取締役関連の記載事項（施124条1項各号）
・社外取締役の主な活動状況（同項4号）
・不当な業務執行があった場合に講じた事前予防策・事後対応策（同号ニ）など
③ 　株主総会参考書類の社外取締役候補者関連の記載事項（その候補者がすでに会社の社外取締役であって重任されるとき）（施74条4項各号）
・会社や過去5年間に就任していた他社で不当な業務執行があった場合に講じた事前予防策・事後対応策（同項3号・4号）
・特定関係事業者その他の会社からの独立性に関する事項（同項6号）など

Q92　株主が監査役・監査役会に対する質問をした場合

　株主が監査役・監査役会に対する質問をした場合、どのように対応したらよいですか。

1 監査役に回答させるか、取締役が回答するか

株主が監査役・監査役会に対する質問をしてきた場合、まず、監査役に回答をさせるか、それとも議長・取締役が回答するかを決めます。基本的には、質問内容が監査（監査報告）や取締役の法令・定款違反行為に関わるものであるときは監査役を回答者とし（→後記2）、質問内容が報告事項（事業報告・計算書類等の報告）や決議事項その他の経営全般に関わるものであるときは取締役を回答者とします（→後記3）（Q82、83参照）。

2 監査役に回答させる場合

(1) 株主が単に「監査役・監査役会」への質問をした場合

株主からの質問が特定の監査役を名指しするものではなく、単に「監査役・監査役会」に対するものである場合、常勤監査役を回答者とするのが一般的です。議長は、次のようにさばいて常勤監査役に回答させます。

> 議長：ただいまの株主様からのご質問につきましては、常勤監査役の○○からご回答申し上げます。○○監査役、お願いします。

また、上記のように回答者を常勤監査役に固定してしまうのではなく、議長が特に回答者を特定せずに「監査役」から回答するとだけ述べて、監査役の方で誰が回答をするかを決めて、選ばれた監査役が回答を行う、という方法もあります。次のような流れになります。

> 議長：ただいまの株主様からのご質問につきましては、監査役からご回答申し上げます。監査役、お願いします。
> （監査役が内部で回答者を選ぶ）
> 答弁を担当することになった監査役：監査役の○○です。ただいまのご質問にご回答申し上げます。……。以上、ご回答いたしました。

株主からの質問が特定の監査役を名指しするものではなかったとしても、たとえば「大分工場の監査の内容と結果について教えてほしい。」というものであった場合はどうでしょうか。監査役会の内部で監査を分担し、特定の監査役だけが大分工場の実査を行ったような場合であれば、その監査役が質問に答えるのが本則であるとはいえます。もっとも、このような場合であっても、監査の内容や結果が監査役会にて報告され共有されているのであれば、大分工場の実査を行った監査役でない監査役が監査役会を代表して回答をしたとしても問題ないでしょう。

(2) 株主が特定の監査役を名指しして質問をした場合

監査役は、各人が独自に監査権限を行使する独任性の機関ですから、株主が特定の監査役を名指しして質問をしてきた場合、原則としてその特定の監査役に回答をさせることになります。

株主から名指しされた監査役が常勤監査役であれば(1)と同様の流れとなります。非常勤監査役（社外監査役）が名指しされたときには、次のような流れとすることがあります。

議長：ただいまの株主様からのご質問につきましては、常勤監査役の〇〇および（非常勤・社外）監査役の□□からご回答申し上げます。まず〇〇監査役、お願いします。
常勤監査役：常勤監査役の〇〇です。ただいまのご質問にご回答申し上げます。……。以上、ご回答いたしました。
非常勤・社外監査役：監査役の□□です。ご回答申し上げます。ただいまの株主様からのご質問につきましては、私も〇〇常勤監査役と同じ意見です。以上、ご回答いたしました。

こうすることにより、会社の実情や監査の全体像についてより詳しい常勤監査役から説明をした上で、名指しされた非常勤監査役（社外監査役）も説明義務を果たすことが可能となります。

あるいは、監査役の全員の意見が一致しているとして、次のようにさばく方法もよく見られます。この方法でも問題はありません。

議長：ただいまの株主様からのご質問につきましては、常勤監査役の〇〇からご回答申し上げます。〇〇監査役、お願いします。
常勤監査役：常勤監査役の〇〇です。監査役全員の意見が一致しておりますので、私からご回答申し上げます。……。以上、ご回答いたしました。

なお、名指しされた非常勤監査役（社外監査役）が回答することができるのであれば、はじめから非常勤取締役（社外監査役）を指名して回答させてももちろんかまいません。

3 議長・取締役が回答する場合

株主が監査役・監査役会に対して質問をしてきたとしても、その内容が取締役を回答者とすべきものであるときは、議長は、自ら回答し、または担当取締役に回答させて差し支えありません。もっとも、株主が監査役・監査役会を指名しているのに議長が何も断らずに取締役を指名すると印象が悪いので、次の

ように取締役が回答をするのが適切である旨をひとこと添えた方がよいでしょう。

> 議長：ただいまの株主様からのご質問につきましては、監査役をご指名されておられますが、○○取締役が担当でございますので、○○取締役からご回答申し上げます。○○取締役、お願いします。

Q93　委員会に対する質問（監査等委員会設置会社・指名委員会等設置会社）

株主が委員会（監査等委員会設置会社における監査等委員会、指名委員会等設置会社における指名委員会、監査委員会、報酬委員会）に対する質問をした場合、どのように対応したらよいですか。

1　監査等委員会に対する質問

株主が監査等委員会に対する質問をしてきた場合、まず、監査等委員に回答をさせるか、それとも議長や監査等委員でない取締役が回答するかを決めます。基本的には、質問内容が監査（監査報告）や取締役の法令・定款違反行為に関わるものであるときは監査等委員を回答者とし、質問内容が報告事項（事業報告・計算書類等の報告）や決議事項その他の経営全般に関わるものであるときは監査等委員でない取締役を回答者とします（Q82、83参照）。

監査等委員会は、監査役とは異なり、独任性の機関ではありません。したがって、監査等委員会の監査に関する質問に対しては、どの監査等委員が回答しても差し支えありません。監査等委員会を代表して常勤の監査等委員が回答すればよいでしょう（監査等委員会には常勤の監査等委員を置くことは必須とされていませんが、多くの監査等委員会設置会社においては常勤の監査等委員が置かれていると思います）。

2　指名委員会、監査委員会、報酬委員会に対する質問

指名委員会は取締役選解任議案の決定権限を有しますから（法404条1項）、指名委員である取締役は同議案に関する説明義務を負います。

監査委員会は執行役・取締役の職務執行の監査権限や会計監査人選解任議案の決定権限を有しますから（法404条2項）、監査委員である取締役は監査や会計監査人選解任議案に関する説明義務を負います。

報酬委員会は執行役・取締役の個人別の報酬等の決定権限を有しますから

（法404条3項）、報酬委員である取締役は報酬に関する事項について説明義務を負います。

よって、各委員会の委員が説明義務を負う上記の事項について株主がその委員会に対する質問をしてきた場合には、その委員が回答者となり説明を行うことになります。

Q94　役員候補者に対する質問

役員候補者に対する質問がされた場合、どのように対応したらよいですか。

役員（取締役、会計参与、監査役、執行役）は説明義務を負いますが、その候補者は説明義務を負っていません。よって、株主が役員候補者を回答者に指名して質問をしてきたとしても、役員候補者に回答させる必要はなく、議長自らまたは議長の指名により他の取締役が回答すれば足ります。

なお、質問が役員候補者を候補者とした理由や適格性に関するものである場合については、**Q104** の(3)を参照してください。

Q95　議長が担当外の役員を指名してしまったとき、答弁担当役員の回答が不十分だったときの事後対応

議長が担当外の役員を回答者として指名した場合、どのように対応したらよいですか。また、答弁担当役員の回答が不十分であった場合、どのように対応したらよいですか。

1　議長が担当外の役員を回答者として指名したとき

議長が回答者として担当外の役員を指名してしまった場合、事務局から議長に対して即座に正しい担当役員を伝えて、答弁担当役員を訂正できるのであれば訂正します。

もし訂正が間に合わなければ、いったんは指名した担当外の役員に回答をさせ、その間に事務局はしかるべき答弁担当役員を議長に伝えて、担当外の役員の答弁後に次のように進めます。

議長：ただいまの株主様からのご質問につきまして、○○取締役からも補足をさせていただきます。○○取締役、お願いします。

担当外の役員による答弁にて十分な説明がされたときは、改めて担当取締役

から補足回答をさせるまでもありません。

2 答弁担当役員の回答が不十分であったとき

　たとえば答弁担当役員が想定問答集の回答例を読み上げて回答したが、実際の質問と回答とがちぐはぐになってしまっている場合や、質問が複数の担当役員にまたがる内容のものであって１人の担当役員の回答では言葉足らずになってしまっている場合です。このようなときは、次のようにして議長自らまたは別の担当役員から補足するようにしましょう。

> 議長：ただいまの株主様からのご質問につきまして、私からも補足をさせていただきます（○○取締役からも補足をさせていただきます。○○取締役、お願いします）。

　なお、役員の答弁に回答漏れや回答間違いがあった場合の対応については、Q96を参照してください。

Q96　別の株主との質疑応答に移った後に回答漏れ・回答間違いに気づいた場合

別の株主との質疑応答に移った後に、先の株主からの質問に対する回答漏れ・回答間違いに気づいた場合、どのように対応したらよいですか。

　説明義務を負う質問に対する回答が漏れていた場合や回答に間違いがあると、説明義務違反として決議取消事由となる可能性があります。よって、別の株主との質疑応答に移ってしまった後に回答漏れや回答間違いに気づいた場合、その質疑応答が終了した後、質疑応答の合間に、次のようにして漏れた回答をしたり、間違った回答を訂正します。審議終了まで（採決に入るまで）の間に回答や訂正ができればよいのですから、慌てなくともけっこうです（とはいえ、いつ株主からの質問が途切れるかわからないので、放置してもいけません）。

> ＜回答漏れ＞
> 議長：先ほど株主様から……に関するご質問がありましたが、その回答が漏れておりましたので、私からご回答申し上げます（担当の○○取締役よりご回答申し上げます。○○取締役、お願いします）。

> ＜回答間違い＞
> 議長：先ほどの株主様からの……に関するご質問につきまして、○○取締役よ

り……と説明がありましたが、正しくは……ですので、お詫びして訂正いたします。

（答弁担当役員に訂正をさせるときは、「先ほどの株主様からの……に関するご質問への回答において誤りがございましたので、○○取締役より訂正をいたします。○○取締役、お願いします」といって訂正させます。）

　回答漏れや回答間違いがあった質問が説明義務の範囲外のものであったとしても、株主に不満や誤解を抱かせたままにするのは望ましくないので、上記のようにして回答や訂正をした方がよいでしょう。

Q97　株主の質問・発言の趣旨が不明な場合

　株主の質問・発言の趣旨が不明である場合、どのように対応したらよいですか。

　一般の個人株主には、総会のような大勢の者が集まる場での発言に慣れていない者も少なくありません。緊張も重なり、発言の内容が右往左往して主題が定まらなかったり、何を聞きたい、いいたいのかが不明瞭な質問・発言も見られます。

　このような質問・発言は、他の来場株主にとってもその趣旨がよくわからないでしょうから、議長としても株主に対して遠慮なく質問・発言の趣旨を確認してかまいません。もっとも、単に質問・発言の趣旨を改めて説明させたのでは、再び不明瞭な質問・発言が繰り返されてしまう可能性もありますから、議長が質問・発言の趣旨をおしはかって、次のように整理してしまう（あるいは事務局が整理をして議長に読み上げ用のカードを渡す）のも１つの方法です。

議長：ただいまのご質問は、……ということでよろしいでしょうか。

　あるいは、

議長：ただいまのご質問は、……というものと理解いたしました。このご質問につきましては、私からご回答申し上げます（担当の○○取締役よりご回答申し上げます。○○取締役、お願いします）。

　また、趣旨が不明瞭な株主の発言は長時間にわたることが多いので、頃合いを見計らって次のような注意をはさむことがあってもよいでしょう。

> 議長：ご発言中のところおそれ入りますが、他の株主様もいらっしゃいますので、ご質問（ご発言）は、簡潔にお願いいたします。

Q98　事前質問をした株主が欠席した場合の対応

事前質問をした株主が総会当日に欠席した場合、事前質問をどのように取り扱えばよいですか。

事前質問は総会の場での質問の予告にすぎないので、事前質問をした株主が総会に出席しなかった場合や、総会に出席したとしても実際にその場で質問をしなかった場合には、役員はその事前質問に対して説明義務を負いません（東京地判平成10・4・28資料版商事法務173号185頁〔三菱商事事件〕）。よって、総会当日に欠席した株主による事前質問については、総会で回答をしなくとも説明義務違反にはなりません。

事前質問の内容が他の株主も共通して関心を持つようなものであり、他の株主が総会で同じ質問をすることが想定されるような場合には、事前質問への一括回答を議事シナリオに組み込んで説明してしまう方法もあります。事前質問への対処法に関するQ19を参照してください。

Q99　回答しても株主が納得しない場合

回答をしても質問株主が納得しない場合、どうしたらよいですか。

答弁担当役員による回答に質問株主が納得してくれればそれに越したことはありませんが、質問時からけんか腰の株主など、会社に対して反感を抱いている株主を納得させることは困難です。取締役の説明義務は、あくまで審議の充実のためにあるもので、株主の個人的な興味を満足させるためにあるわけではありませんから、質問株主が回答に納得しないからといって、その質問株主との質疑応答を執拗に繰り返すことは避けた方がよいでしょう。そのような株主は役員がどのように答弁しようと答弁の内容に最後まで納得するとは限らず、また特定の株主との間でやりとりを続けることは他の来場株主から見ると見苦しいからです。株主が同じ内容の質問を繰り返すようであれば、「ご回答は先に申し上げたとおりです。」「他にも株主様がいらっしゃいますので、他の株主様からご質問をお受けいたしたく、ご理解のほどお願いいたします。」などと

158　第２編　株主総会の実務Q&A　第２章　総会当日の実務

いって、他の株主との質疑に移ってけっこうです（**Q70**、**71**参照）。

　答弁担当役員としては、質問株主から納得を得ようとするよりも、他の来場株主の納得を得ようというつもりで答弁をするのがよいでしょう。

Q100　後発事象で事業報告等に記載のない事項についての質問

　定時総会の対象事業年度の末日以降に生じた後発事象であって、事業報告等にも記載がない事項について質問がされた場合、どのように対応すればよいですか。

　後発事象が注記表や事業報告に記載されるべきレベルの重要なものである場合には、その概要を説明すべきと考えられます。

　事業年度の末日後に会社や連結子会社等の財産や損益に重要な影響を及ぼす後発事象が生じたときは、注記表（個別注記表や連結注記表）に記載しなければなりません（計114条）。また、財産や損益に重要な影響を及ぼさないものであっても、事業年度の末日後に会社や連結子会社等の状況に関する重要な事象が生じたときは、「株式会社の現況に関する重要な事項」（施120条１項９号）として事業報告に記載しなければなりません。

　注記表や事業報告にも作成期限がありますから、期限後に発生した後発事象はこれらの書類に記載することが不可能です。とはいえ、性質上は注記表や事業報告の内容として株主に提供されるべき事象であるといえます。よって、株主に提供した書類に記載がないとしても、重要な後発事象について株主から質問がされたときは、その概要を説明すべきです。

Q101　商品・製品クレーム、サービス内容についての不満を持つ株主からの質問

　株主から会社の商品・製品に対するクレームや会社が提供するサービスに対する不満を述べる発言がされた場合、どのように対応すればよいですか。

　会社の製品・商品に関するクレームや会社が提供するサービスに対する不満は、基本的には総会の目的事項に関しないものでしょうから、取締役が法的な説明義務を負うケースは多くはないと思われます。また、商品やサービスそのものに対するクレームや不満ではなく、クレームに対する会社の対応のまずさを指摘する発言についても同様です。

しかし、そのような発言に対し一切の説明を拒むことは得策ではありません。製品・商品等に関するクレームや不満を述べる株主は、多くの場合、自己の発言によって製品・商品等が改善され、それにより会社の売上げが伸びて株価や配当が高まることを期待しているのであり、めざす方向は経営陣と同じはずです。クレームや不満に延々とつきあうのは総会の本来の目的に沿うものではありませんし、またクレームや不満の内容が株主が共通して関心を持つものであるのか否かによりメリハリをつけた対応が求められますが、クレームや不満を貴重な意見として受け止めつつ、会社がすでに講じている対応策があればそれを説明したり、今後の検討課題とするのであればそのように説明をするのがよいでしょう。

なお、クレームや不満を述べる株主の発言内容が、金銭賠償や補償の請求等の個別具体的な事案の解決を求めるものである場合には、総会の目的事項に関するものではなく、また総会の場で当該株主とやりとりするのはふさわしくないので、説明を拒むべきです。

Q102 労使関係、取引等に関する不満を持つ株主からの質問

社員・元社員である株主から労使関係への不満を述べる発言がされた場合、どのように対応すればよいですか。また、会社と取引関係にある株主から取引に関する不満を述べる発言がされた場合、どのように対応すればよいですか。

個別具体的な労使関係や取引に関する不満を述べる株主の発言は、基本的には総会の目的事項に関するものではありませんから、取締役は説明義務を負いません。仮に労使関係や取引に問題があるとしても、その解決は総会の場で行われるべきものではありません。よって、個別具体的な労使関係や取引に不満を述べる株主からの発言に対しては、説明をする必要はありません。

もっとも、不満を持った株主が、個別具体的な問題を指摘するのではなく、会社の一般的な労働環境や、下請法の遵守状況等の取引上のコンプライアンス一般について質問をしてくることもあります。このような質問に対しては、説明義務の範囲に含まれない質問であったとしても、一切の説明を拒んだのでは会場にいる他の株主に「逃げている」、「何か問題があるのではないか」との疑念を生じさせかねませんから、労働法その他の関係法令を遵守しているなどの概括的な説明をした方がよいでしょう。

Q103　実際に株主から出される質問事項

　総会において実際に株主から出される質問事項としては、どのようなものが多いのでしょうか。

　白書2015年版によると、実際に総会で株主から出された質問として多いものは、次のとおりです（パーセンテージは、該当する質問があった会社のアンケート回答会社全体に占める割合）。

① 経営政策・営業政策（57.2%）
② 配当政策・株主還元（31.0%）
③ 財務状況（18.1%）
④ 株価動向（17.0%）
⑤ リストラ・人事・労務（15.1%）
⑥ 子会社・関連会社関係（13.9%）
⑦ 社外役員・独立役員関係（11.3%）

Q104　説明の程度・留意点

　次の項目についての説明の程度・留意点を教えてください。
(1) 連結計算書類・計算書類
(2) 配当政策・株主還元
(3) 取締役・監査役選任議案
(4) 会計監査人選任議案
(5) 個別の取締役の報酬額
(6) 使用人兼務取締役の使用人分給与
(7) 退職慰労金
(8) 役員報酬としてのストックオプション・業績連動型報酬
(9) WEB開示をしている事項
(10) 訴訟
(11) 不祥事・事故
(12) リストラ・人事・労務
(13) 親会社・子会社に関する事項
(14) 内部統制システム
(15) コーポレートガバナンス・コード
(16) 買収防衛策

1　連結計算書類・計算書類

　連結計算書類や計算書類に関する質問については、これらの書類の記載事項と計算書類の附属明細書の記載事項およびこれらを補足・敷衍する程度が説明の範囲の目安となります。これらに記載された範囲を超える質問、たとえば会計帳簿の内容の詳細に踏み込んだ質問に対しては、説明義務を負いません。会計帳簿の閲覧は3%以上の議決権割合を持つ株主にしか認められていないからです（法433条1項）。

　裁判例には、附属明細書中の販売費および一般管理費の明細に関して、交際費および会費の内訳の明示を求める株主の質問に対し、交際費については、附属明細書に基づき総額を明らかにした上、それが営業目的に使われたものであること、各部門別に割り振って管理しているために役員分とそれ以外の分との区別ができないことなどを説明し、会費については、雑費中の会費の総額を明らかにした上、会費の主な支出先を挙げて説明したことをもって、説明義務違反なしとしたものがあります（大阪地判平成元・4・5資料版商事法務61号15頁〔大トー事件〕）。

2　配当政策・株主還元

　配当政策や株主還元は、株主の最も関心の高い事項の1つですので、例年株主からの質問が多い事項です。配当政策や株主還元に関する質問について留意すべきは、来期の配当などの将来の事柄について約束をしないことです。業績低迷等により無配や減配となると、株主からの追及が厳しくなりますが、だからといって将来の復配や配当の増額を約束してしまうと、もしその約束が果たせなかったときになおいっそう追及が厳しくなり、経営陣の責任問題に発展しかねません。復配等を求める質問や意見に対しては、復配を約束するのではなく、今後の業績や企業価値の向上に向けた施策を説明し、株主の理解を求めていくことになります。

　以上の留意点を除いては、会社としてはできる限りの説明をした方がよいでしょう。決算短信にてすでに公表済みの来期の配当見通しをあくまで見通しとして回答することはかまいません（Q106）。また、配当政策に関しては、安定配当を維持するかそれとも業績に応じた配当にするか、業績に応じた配当にするとして配当性向をどう考えるか、ROE（資本利益率）やROIC（投下資本利益率）等の収益力・資本効率等に関する目標を設定するか、広く株主還元に関しては、自社株買いの方針、株主優待制度の採否や内容等について、会社の考えをまとめておく必要があるでしょう。

3 取締役・監査役選任議案

取締役・監査役選任議案の説明義務の範囲は、一般論としては株主総会参考書類の記載事項とこれを補足・敷衍する程度ということになりますが、特に取締役の選任議案については、「その候補者に会社の経営を委ねることができるか否か」が賛否の対象となり、会社経営全般が関係してくるので、説明すべき範囲はおのずと広くなります。

裁判例は、取締役の再任議案に関連して、候補者の過去の個別的な業務執行状況については株主は原則として説明を求めることができないとしつつも、取締役としての能力を明らかにする事項は概括的に説明を要するとしています（広島高松江支判平成8・9・27資料版商事法務155号47頁、松江地判平成6・3・30資料版商事法務134号100頁〔日本交通事件〕）。別の裁判例は、同じく取締役の再任議案に関し、株主が候補者の適格性について質問をした場合には、株主総会参考書類の記載事項に敷衍して、候補者の業績、従来の職務執行の状況など、平均的な株主が議決権行使の前提としての合理的な理解および判断を行うために必要な事項を付加的に明らかにしなければならないとしています（東京地判平成16・5・13金判1198号18頁〔東京スタイル事件〕）。これらの裁判例からすると、候補者の従前の職務執行状況を概括的には説明することが求められましょう。

4 会計監査人選任議案

(1) 説明義務の範囲

会計監査人選任議案の説明義務の範囲は、他の決議事項と同様に、株主総会参考書類の記載事項とこれを補足・敷衍する程度で足ります。会計監査人選任議案に関する株主総会参考書類の記載事項の概要は、次のとおりです（施77条）。

① 候補者の氏名・名称、事務所の所在場所、略歴・沿革等

② 就任の承諾を得ていないときは、その旨

③ 監査役（監査役会、監査等委員会、監査委員会）が候補者とした理由

④ 辞任しまたは解任された前任の会計監査人の意見があるときは、その意見の内容の概要

⑤ 候補者と責任限定契約を締結しているときまたは締結予定があるときは、契約の内容の概要

⑥ 候補者が現に業務停止処分中であるときは、当該処分にかかる事項

⑦ 候補者が過去2年間に業務停止処分を受けた者である場合における当

該処分にかかる事項のうち、会社が株主総会参考書類に記載することが適切であると判断した事項

⑧　公開会社である場合、候補者が自社または親会社等・子会社等などから多額の金銭その他の財産上の利益を受ける予定があるときまたは過去2年間に受けていたときは、その内容

(2)　質問に対する回答者

平成26年会社法改正により、会計監査人選任議案の内容の決定権限が監査役会（監査等委員会、監査委員会）に付与されました（法344条1項・2項、399条の2第3項2号、404条2項2号）。

会計監査人選任議案を総会に提案するのは取締役ですが、議案の内容を決定するのは監査役会（監査等委員会、監査委員会）です。監査役会等は上記(1)の株主総会参考書類の記載事項を検討した上で議案の内容を決定することとなりますから、会計監査人選任議案に関する質問に対しては、監査役（監査等委員、監査委員）も回答義務を負います。監査役が回答する場合には **Q92**、監査等委員会・監査委員会が回答する場合には **Q93** も参照してください。

5　個別の取締役の報酬額

取締役の個人別の報酬を事業報告により開示していない限り、総会の場で株主から取締役の個人別の報酬額を尋ねる質問がされたとしても、これに応じる義務はありません。義務がないというだけですから、任意に個人別の報酬額を説明してもよいわけですが、わが国においては個人の報酬額の開示を嫌う風潮がありますので、開示をしない会社が大勢を占めます。

取締役の個人別の報酬額について説明義務がないとされる理由は、次のとおりです。取締役の報酬額の決定は会社の業務執行行為の1つですから、代表取締役が独自に決定することができそうですが、取締役に自らの報酬額を決定させたのでは、いわゆる「お手盛り」の危険（不相当に報酬を高額にしてしまう危険）があります。そこで、会社法は、取締役の報酬額の決定を総会決議事項としています（法361条）。もっとも、お手盛りの危険を防ぐという観点からは、会社が取締役全員に対して支払う報酬の総額に上限が設けられさえすれば足りますので、実務上は、取締役全員に支払われる報酬総額の上限額を決議しています。取締役報酬額の改定議案において、株主から取締役の個人別の報酬額を問う質問がされたとしても、個人別の報酬額は議案の賛否の判断にとって合理的に必要とされる情報ではないので、説明義務が生じないわけです。

ただし、有価証券報告書においては年間1億円以上の報酬を受け取ってい

164　第2編　株主総会の実務 Q&A　第2章　総会当日の実務

る役員については報酬の個別開示が強制されますから、有価証券報告書を総会
前に提出する会社では、有価証券報告書に記載した程度の説明を行った方がよ
いでしょう。

6　使用人兼務取締役の使用人分給与

　取締役の報酬額の改定議案においては、「年額○○百万円以内、ただし、使
用人兼務取締役の使用人分給与を含まない。」として決議するのが一般です。
これは、判例上、①報酬額に使用人兼務取締役の使用人分給与が含まれない旨
を明示して改定議案の総会決議をした場合、②少なくとも使用人として受ける
給与の体系が明確に確立されており、かつ、③使用人として受ける給与がその
体系によって支給されている限り、使用人分給与は総会決議の対象にならない
とされているほか（最判昭和 60・3・26 判時 1159 号 150 頁）、総会決議におい
て使用人分給与を除いて役員報酬の支給限度額を定めれば、使用人分の給与の
支払いにつき税法上の損金算入が認められうる（法人税法 34 条 2 項、法人税法
施行令 70 条 1 号ロ参照）とされていることによります。

　取締役の報酬額の改定議案においては使用人分給与の支給人数や総額等は株
主総会参考書類の記載事項とされていません。また事業報告においても使用人
分給与は記載する必要がないのが原則です。上の判例のとおり、使用人分の給
与体系が確立していて、その体系に沿って使用人分給与が支払われる限り、使
用人給与部分は総会決議の対象ではないので、使用人兼務取締役の使用人分給
与に関する質問がされた場合、使用人兼務取締役に対する個別の支給額を説明
する必要はありません。もっとも、取締役の報酬額の決定を総会決議事項とし
たお手盛り防止の趣旨からすると、使用人兼務取締役に対して使用人分給与が
支給されるという事実も株主にとって関心事となりますので、株主に対しては、
一般の使用人と同じ給与体系に沿って使用人兼務取締役に対して使用人分給与
が支給されることと、支給総額程度の説明を行うべきでしょう。

　また、原則として使用人分給与を事業報告に記載する必要がないことは上記
のとおりですが、取締役に支払う使用人分給与が一般社員の給与体系から逸脱
して高額である場合や、使用人分給与が取締役報酬よりも著しく高額である場
合には、事業報告の「会社役員に関する重要な事項」（施 121 条 11 号）や注記
表の関連当事者との取引に関する注記（計 112 条 1 項 3 号～6 号）として記載
しなければならないケースもあります。このような場合には、株主に対して事
業報告や注記表に記載した程度の説明を行う必要があります。

　なお、監査等委員会設置会社においては、監査等委員たる取締役は使用人を

兼務することができません（法331条3項）。指名委員会等設置会社において
は、取締役は使用人を兼務することができません（同条4項）。執行役は使用
人を兼務することができますが、その際の使用人分給与は報酬委員会が決定し
ます（法404条3項後段）。

7 退職慰労金

退職慰労金の支給には総会決議が必要ですが（法361条、387条）、議案は、
支給する退職慰労金の額を明記するのではなく、「支給金額・時期・方法を一
定の基準に従って決定することを取締役会に一任（監査役への支給に関しては監
査役の協議に一任）する」との内容になっているのが通例です。会社法もこの
ような扱いを是認しており、①株主総会参考書類に一定の基準の内容を記載す
るか、または、②株主が一定の基準を知ることができるようにするための適切
な措置を講じるべきとしています（施82条2項、82条の2第2項、84条2項）。
実務上は、②の措置として本店に退職慰労金規程等の内規を備え置き、株主が
閲覧を求めたときはこれに応じることとしています。内規の備置期間は、招集
通知の発送日から総会決議日までの間ですが、発送前に招集通知をWEB公
表する場合には（**Q11**）、その公表日から備置を開始した方がよいでしょう。

総会の場では、退任役員に支給される個別の慰労金の額や一定の基準（内
規）の内容を尋ねる質問がされます。このような質問に対してどの程度の説明
をすればよいかについては、裁判例の蓄積があります。裁判例は、株主が総会
において退職慰労金の額または支給基準の内容について具体的に説明を求める
ことができるのは当然であり、説明を求められた取締役は、次の3点を説明
すべき義務を負うとしています（東京地判昭和63・1・28判時1263号3頁〔ブ
リヂストン事件〕、奈良地判平成12・3・29判タ1029号299頁〔南都銀行事件〕）。

① 会社に現実に一定の確定された基準が存在すること
② その基準は株主に公開されており周知のものであるか、または株主が容
易に知りうること
③ その内容が支給額を一義的に算出できるものであること等

したがって、取締役としては、退職慰労金規程等の内規があり（①）、内規
を本店に備え置いて株主の閲覧に供していることと（②）、内規が定める慰労
金額の計算式の内容とこれに数値を代入することにより一義的に支給額を算出
することができること（③）を説明することとなります。

なお、役員退職慰労金制度を廃止した企業の割合は、年々増加しています。
白書2014年版によると、7割程度の上場会社が制度を廃止しています。上記

のように、退任役員に対して支給される退職慰労金の額が議案に明記されない
のが通例であることから、退職慰労金支給議案について機関投資家を中心とす
る株主からの賛同を得ることが難しくなってきており、制度を廃止する企業が
増えてきているわけです。制度を廃止した企業は、代替措置として、定例報酬
の見直し、業績連動型報酬の採用、株式報酬型ストックオプションの採用など
を進めています。コーポレートガバナンス・コードにおいて、役員報酬のあり
方として業績連動報酬や株式報酬の採用がうたわれていることもあり、このよ
うな傾向は今後も続くと思われます。

8　役員報酬としてのストックオプション・業績連動型報酬

　ストックオプションや業績連動型報酬など、取締役に業績向上へのインセン
ティブを与える報酬制度の導入が進んでいます。東証のコーポレート・ガバナ
ンス白書 2015 によると、ストックオプション制度を実施している東証上場会
社は 31.8％、業績連動型報酬制度を導入している会社は 19.8％に上っていま
す。コーポレートガバナンス・コードにおいて、役員報酬のあり方として業績
連動報酬や株式報酬の採用がうたわれていることもあり、この割合はますます
高まると見られます。

　ストックオプションや業績連動型報酬を導入するに際し、それまでの取締役
の報酬決議を改定したり新たな報酬枠を設けたりして総会決議に付する場合に
は、株主総会参考書類の記載事項とこれを補足・敷衍する程度の説明をする必
要があります。従前の報酬枠の範囲内でストックオプションや業績連動型報酬
を導入することとし、総会決議に付さない場合であっても、取締役の報酬額
（少なくとも役員区分ごとの総額）、報酬額の決定方針（もし定めていれば）、役員
に付与したストックオプションの概要については事業報告の記載事項とされて
いますから（施121条4号～6号、123条等）、事業報告に記載すべき事項やこ
れを補足・敷衍する程度で、ストックオプションの概要、業績連動型報酬の割
合、連動させる経営指標その他の仕組みなどについて説明をするべきでしょう。

9　WEB 開示をしている事項

　WEB 開示は、株主総会参考書類・事業報告・計算書類の一部と連結計算書
類の全部について、招集通知に記載して株主に提供することに代えて、WEB
サイトでの開示を認める制度です（**Q7**）。白書 2015 年版によると、WEB 開
示を実施している会社は 45.0％であり、資本金額の規模が大きい会社ほど実
施割合は高まる傾向にあります。WEB 開示事項は招集通知に記載した事項と
みなされますから、WEB 開示事項についての説明義務の範囲や程度は、招集

通知に記載されている事項と異なりません。

なお、白書 2015 年版によると、WEB 開示を実施した会社の約 8 割は、WEB 開示箇所を含む書類（WEB 開示箇所だけ、または WEB 開示箇所を含む招集通知の完全版）を総会場に備え置くか、受付時に株主に交付しています。このような措置を講じておくと、WEB 開示事項に関する質問に対して書類を参照しながらの説明が容易になります。

10 訴訟

総会において株主から質問を受ける可能性がある訴訟としては、①会社が取引先等との関係で当事者となっている訴訟（損害賠償請求訴訟、特許権等の知的財産権に基づく差止請求訴訟など）、②会社が従業員や元従業員から訴えられている訴訟（未払賃金の支払請求訴訟や解雇社員による従業員たる地位確認訴訟等）、③役員の責任を追及する訴訟（株主代表訴訟を含みます）があります。これらの訴訟が会社の財産や損益に重大な影響を及ぼすものであれば、事業報告の「株式会社の現況に関する重要な事項」（施 120 条 1 項 9 号）に該当したり、③の役員との訴訟は「会社役員に関する重要な事項」（施 121 条 11 号）に該当することとなります。また、③の役員との訴訟につき会社が当事者となっている場合であって、当該役員を再任する取締役選任議案を提案するときは、株主総会参考書類に「特別の利害関係」として記載する必要があります（施 74 条 2 項 3 号）。

会社の財産や損益に重大な影響を及ぼすおそれがある訴訟や役員との訴訟については、上記のとおり株主に対して報告すべき事項や、役員として再任すべきかどうかの賛否に影響を与える事項となりますので、訴訟における請求の内容や訴額、訴訟の進行状況について概括的に説明をしましょう。もっとも、進行中の訴訟に関する会社としての今後の主張・立証方針や和解案などは、説明すべきでありません。これらを説明してしまうと、会社の訴訟戦略を明らかにしてしまうに等しく、訴訟進行上、会社に不利益をもたらしかねず、株主共同の利益に反するからです（Q86、87。法 314 条）。

11 不祥事・事故

巨額の粉飾や、大規模な個人情報漏えい、食品偽装といった世間を揺るがす不祥事を起こしてしまった会社の総会では、出席する株主数が増大し、不祥事に関する質問が集中する可能性があります。主要な工場が火災や爆発事故を起こしたような場合も、それが会社のミスによる不祥事とはいえなくとも、やはり株主の関心が高まります。

不祥事や事故に関する株主からの質問に対する回答のポイントは、①株主への謝罪をした上で、②不祥事や事故の発生原因と③再発防止策を丁寧に説明することです。総会の時点ではまだ原因の調査中である場合には、その旨を説明します。不祥事や事故により株価が下がったり会社の業績が低迷するとなると、株主も被害者となるわけですから、株主の質問に対して真摯に対応することこそが会社の信頼回復のための一歩であると認識するべきです。

不祥事や事故の規模が甚大で、世間的にも耳目を集めるものであるときは、総会の冒頭や報告事項の報告のシナリオ中に上の①の謝罪や②③の報告を織り込んでおくことも検討しなければなりません。これについては **Q21** を参照してください。

12　リストラ・人事・労務

リストラ・人事・労務に関する質問は、近年増加してきています。この分野の質問は多岐にわたりますが、近時の傾向として、次の分野に関する質問が多いと感じます。これらの質問には、総会の目的事項に関連するといえないものも含まれていますが、株主にとって関心が高いものですので、会社の取組み状況を説明し、また取組みが進んでいる会社においては株主へのアピールとして積極的に説明することが望ましいでしょう。

①　女性の登用・活躍促進

政府の政策により女性の登用や活躍促進が強くうたわれています。平成26年に金融商品取引法の関係府令が改正され、有価証券報告書に女性役員の人数や比率を記載することが義務づけられました。

②　人材の確保・教育

少子高齢化により将来的に人材の確保が難しくなっていくおそれが高まっています。また、グローバル化の進展やわが国の国内市場の縮小により、企業の海外展開に耐えうる人材の教育も課題となってきています。

③　労働環境

「ブラック企業」という言葉が広く使われるようになり、企業が労働法令を遵守しているかどうかについての関心が高まっています。

④　リストラ

経営環境の悪化に伴い工場の閉鎖や事業の一部売却等のリストラがされた場合、株主としてはリストラの内容や効果について関心を抱くことになります。事業報告の「事業の経過及びその成果」（施120条1項4号）や「主要な営業所及び工場並びに使用人の状況」（同項2号）、「対処すべき課題」（同項8号）

の記載内容を敷衍して説明を行う必要があります。

13 親会社・子会社に関する事項

　親会社・子会社は別の法人であり、取締役は親会社・子会社について株主から経営を任されているわけではないので、株主から親会社・子会社に関する事項について質問を受けても、本来的には取締役が説明をすべき筋合いのものではありません。もっとも、上場会社は、子会社を含む企業集団全体の財産・損益状況を示すものとして連結計算書類を作成し、事業報告も、連結ベースで作成する上（施120条2項）、「重要な親会社及び子会社の状況」が記載事項とされていますから（同条1項7号）、事業報告や連結計算書類に記載した事項について、株主が内容を理解するために必要な説明を行う必要があります。

　また、特に純粋持株会社においては、自社は子会社を管理するだけであって、実際の事業は子会社が営んでいますので、株主からは子会社が営む事業に関連する質問がなされるのが通常です。このような場合、主要な事業子会社に関する質問については、自社の説明義務と同様の範囲で説明をした方がよいでしょう。

　なお、親会社との関係では、平成26年会社法改正により、次の事項が事業報告の記載事項となりました（施118条5号）。

① 親会社との取引が自社の利益を害さないように留意した事項
② 親会社との取引が自社の利益を害さないかどうかについての取締役会の判断・理由
③ ②の判断が社外取締役の意見と異なる場合にはその意見

　これは親会社から不当に不利益な取引を強制されないように配慮したものですが、事業報告に記載した取締役会の判断や社外取締役の意見について質問がされる可能性がありますので、事前に対応を検討しておく必要があります。

14 内部統制システム

　内部統制システムおよびその運用状況の概要は、事業報告に記載されます（施118条2号）。よって、内部統制システムに関する質問に対しては、事業報告の記載事項およびこれを補足・敷衍する程度の説明義務を負います。

　内部統制システムを整備するのも運用するのも取締役（取締役会）の職務ですから、整備・運用状況に関する質問に対しては、取締役が説明義務を負います。他方、内部統制システムの整備・運用状況については、監査役の監査対象となり、その相当性は監査報告の記載事項とされていますから、内部統制システムの相当性に関する質問に対しては、監査役が説明義務を負います。

15 コーポレートガバナンス・コード

　平成27年6月に導入されたコーポレートガバナンス・コードは、上場会社に対し、コードが定める原則を実施するか（コンプライ）、実施しない場合にはその理由の説明を求め（エクスプレイン）、コードへの対応状況をコーポレート・ガバナンス報告書において開示することを求めています。

　総会における説明義務は、会社法上の事業報告等の内容を株主が理解するために認められているので、会社法上の書類ではないコーポレート・ガバナンス報告書の記載事項は、説明義務の範囲外であると解されるでしょう。

　しかし、コードへの対応状況が、事業報告等の会社法上の書類を補足・敷衍する内容のものであるときは、その範囲で取締役等の説明義務の範囲に含まれると考えられますし、コードが導入されたばかりで株主の関心も高いことから、会社としては質問に対して正面から回答をすることが望まれます。

16 買収防衛策

　買収防衛策が総会と関係するのは、次の2点です。

① 決議事項として買収防衛策の導入・更新を付議する場合

② 報告事項として事業報告に買収防衛策を記載している場合

　導入企業の多くが採用している事前警告型買収防衛策は、3年以内の一定期間ごとに総会決議により更新する仕組みになっているものが一般的です。買収防衛策の導入企業は、ピーク時は550社を超えていましたが、現在は500社を割り込んでいます。買収防衛策は経営者の保身につながるとして機関投資家を中心とする株主からの反対が強く、特に海外機関投資家比率が高い会社ほど導入・更新議案への賛成率が低い傾向にあります。

　買収防衛策の導入・更新を総会決議に付する場合には、株主総会参考書類の記載事項およびこれを補足・敷衍する範囲で説明をする必要があります。また買収防衛策は、「株式会社の財務及び事業の方針の決定を支配する者の在り方に関する基本方針」として事業報告の記載事項とされていますから（施118条3号）、導入済みの企業においては、総会に更新議案を付議しなくとも、事業報告に記載された事項およびこれを補足・敷衍する範囲で説明をしなければなりません。

Q105　質問ではない意見・要望への対応

　株主の発言が質問ではなく意見・要望である場合、どのように対応すればよ

いですか。

　株主の発言が質問ではなく意見や要望にとどまるときは、役員は説明義務を負いませんから、その意見や要望を聞いておけば足ります。

　株主からの意見や要望に対しては次のように対応するのが通例でしょうが、株主の意見や要望を真摯に受け止めていることを示すために、補足的にさらに説明を加えた方が親切です。

議長：ただいまの株主様からのご発言につきましては、貴重なご意見として今後の参考にさせていただきます。（＋補足説明）

Q106　将来の事項について約束を求める発言に対する対応

　株主から「来期の配当は○円にすることをこの場で約束せよ。」といった将来の事項について約束を求める発言がされた場合、どのように対応すればよいですか。

　議長をはじめとする会社側は、株主から将来の事項について約束を求める発言があったとしても、これに応じて約束をしてはなりません。

　総会は、報告事項を報告し、決議事項を審議して採決する場であって、株主に対して何かを約束する場ではないからです。設問の例において、決算短信にてすでに公表済みの来期の配当見通しをあくまで見通しとして回答することはかまいませんが、配当を確約することは避けるべきでしょう。

Q107　総会屋から質問があったときの対応

　総会屋から質問があった場合、どのように対応すればよいですか。

　総会屋に対しては毅然と対応してください。総会屋は、総会の目的事項について真摯に審議をするのではなく、総会を荒らすことを目的としているのですから、総会屋に取り合っても審議の充実につながりません。

　他の設問において触れたことの復習になりますが、総会屋への対応として議長や事務局が心得ておくべきことは、次のとおりです。
　①　不規則発言や秩序を乱す行為の制止（**Q58**）
　②　１度に多数の質問がされた場合の対応（**Q69**）

172　第２編　株主総会の実務Q&A　第２章　総会当日の実務

③　関連質問への対応・制限（**Q70**）

④　マイクのスイッチを切るなどの対応（**Q43**、**44**）

⑤　退場命令の出し方（**Q79**）

⑥　臨場する警察官との連携（**Q80**）

　最近は、総会屋ではない一般株主の中にも、会社へのクレームや社会への不満を延々と述べたり、むやみに議長不信任動議を提出したりして総会を混乱させる者がいますが（このような株主は、総会屋とあわせて「特殊株主」と呼ばれることがあります）、その対応は、総会屋に対するものと同じです。

⑤　動議

Q108　動議か意見か不明な場合

　株主の発言が、動議とも意見とも受け取れる場合、どのように対応するのがよいですか。

1　動議か意見かの確認

　動議は、議案や議事運営についての具体的な提案を行って採決を求めることであり、意見は、それには至らない、議案や議事運営に対する賛否や要望を述べるものです。しかし、実際には、両者は簡単に区別できないことが少なくありません。たとえば、「配当が50円では少なすぎる。60円にしてほしい。」との発言は、多くの場合、来期以降の増配を希望する意見と考えることができますが、発言の仕方によっては、50円配当の会社提案議案について、60円配当の議案修正動議を行う趣旨とも受け取れます。

　議長としては、株主の発言が動議とも意見とも受け取れるときは、次のように、株主に対して発言の趣旨を確認するのがよいでしょう。

議長：ただいまの株主様のご発言は、今後の増配をご希望されるとの「ご意見」と承ればよいでしょうか。それとも、本総会に、配当についての「修正動議」をご提出される趣旨ですか。

　この確認を受けて、株主が「意見だ。」といえば、議長は「貴重なご意見をありがとうございます。今期以降の配当につきましては……」と回答すればよいし、株主が「動議だ。」といえば、**Q110**の動議の処理をすればよいことにな

ります。

　なお、事務局としては、上記の下線部分を空白にした答弁カードを事前に準備しておけば、当日空欄部分に必要事項を書き込むことにより、株主の発言内容に応じた議長のセリフ例をその場で作ることができます。

2　確認の仕方についての工夫

　一般の株主が動議を提出することはまれで、発言の真意を確認すれば意見であることが多いでしょう。また、一般の株主の中には、「動議」の意味自体を理解していない人もいるかもしれません。そのため、議長としては、株主の発言を動議に誘導してしまうような確認の仕方は避けたいところです。たとえば「ただいまの株主様のご発言は、配当を60円とする動議を提出されるご趣旨でしょうか。」との確認の仕方では、株主が要領を得ないままに「はい。」とだけ答えると、動議として取り扱わなければならなくなってしまいます。「……意見でしょうか。」との表現を入れた方が、株主の真意を汲み取りやすいことが多いといえます。

　また、次のように、「動議」との表現を用いずに、意見であることを前提にして、株主に真意を確認する尋ね方もあります。

> 議長：ただいまの株主様のご発言は、今後の増配をぜひ達成してほしいとの「ご意見」だと理解いたしましたが、それでよいでしょうか。

　議長は、動議対応について迷うことがあったら、「ただいまの株主様のご発言につきましては、事務局と協議いたしますので、少々お待ちください。」と述べて、事務局とじっくり対応を協議すべきです。議場に諮るべき動議を諮らないと、総会の決議取消事由となるためです（**Q64**、**110**）。

Q109　手続的動議への対応

(1)　株主から次の動議が出たときは、どのように対応すべきですか。
　ア　会計監査人の出席要求／総会の延期・続行／調査者選任／議長不信任
　イ　審議の順序変更／採決の方法／休憩／質疑打切り／総会場の変更
(2)　濫用的と思われる動議にはどう対応すべきですか。
(3)　手続的動議についての委任状・議決権行使書・電子投票の取扱いはどうなりますか。

1　必要的動議と裁量的動議

　総会も会議である以上、会議の出席者である株主は、議事運営や採決の仕方

について提案をすることができます。このような議事運営等に関する動議（議案の内容ではなく、会議の進め方に関する動議）を手続的動議といいます。

　議長は、議事整理権（法315条1項）を有していますので、議事運営や採決の仕方についての裁量があります。しかし、次の動議については、会社法上または解釈上、議長が必ず議場に諮って採決しなければならないとされています（必要的動議といいます）。

①　会計監査人の出席を求める動議（法398条2項）

②　総会を延期・続行するよう求める動議（法317条）

③　総会に提出された資料について調査者の選任を求める動議（法316条）

④　議長不信任の動議

　これ以外の手続的動議は、議長が採否を裁量により決することができます（裁量的動議といいます）。必要的動議以外の、議事運営や採決の方法に関する動議は、すべて裁量的動議となります。代表例は次のとおりです。

・議題の審議の順序の変更を求める動議

・採決の方法についての動議（拍手ではなく挙手や投票を求めるなど）

・取締役の選任議案について、候補者を一括して採決するのではなく、1人ずつ採決するよう求める動議

・休憩の動議

・質疑打切りの動議

・総会場の変更を求める動議

2　必要的動議への対応

　必要的動議が提出されたときは、議長は、ただちに議場に諮って採決します。

　採決の仕方については、「ただいま株主様より議長不信任の動議が提出されましたが、この動議に賛成の方は、拍手をお願いいたします。」などと述べて、動議自体への賛否を問うことでも差し支えありませんが、実務上は、次のように議場への諮り方を工夫している例が多く見られます。

議長：ただいま株主様より議長不信任の動議が提出されましたが、私としては、この動議に反対です。このまま私が議長を続けることにご賛成の株主様は、拍手をお願いいたします。

　（株主拍手）

ありがとうございます。過半数のご賛成を得ましたので、このまま私が議長を続けさせていただきます。

株主は、採決の際に、賛成の意思を表示する（拍手する）ことに慣れています。そこで賛否を議場に諮る際の工夫として、反対を獲得したい動議については、動議自体ではなく、動議に対する議長の意見についての賛否を問うのです。これにより、一般の株主が誤った意思を表明することを防ぐことが期待でき、また、社員株主としても、動議の内容が何であるかにかかわらず「賛否を問われた際は拍手する」と覚えておけば足りることとなります。

事務局としては、上記の下線部分を空欄にした答弁カードを事前に準備しておけば、当日空欄部分に必要事項を書き込むことにより、株主の動議の内容に応じた議長のセリフ例をその場で作ることができます。

なお、議長不信任の動議について、採決のために議長が代わる必要はありません。

3　裁量的動議への対応

裁量的動議を採り上げて議場に諮るかどうかは、議長の自由です。議事運営が適法であるか否かは、多数決によって決まるものではなく、議事運営の内容に即して客観的に定まると考えられるためです。

したがって法的には、議長は次のように述べて裁量的動議を却下して差し支えありません。

> 議長：ただいま株主様より、採決の方法を拍手ではなく投票によって行ってほしいとのご発言がございましたが、採決の方法など議長の権限に属する事項につきましては、議長である私にお任せくださるようお願いいたします。私としては、株主様からの拍手により賛否を確認いたしたいと存じます。

もっとも、法的には必要がなくとも、あえて議場に諮って採決をしてしまった方が、議場の雰囲気の収まりがよく、その後の円滑な議事の進行に資することがあります。その場合には、上記2と同じ対応をすればよいでしょう。実務では、必要的動議か裁量的動議かにかかわらず、手続的動議が出たら採決することにしている会社が少なくありません。

4　濫用的な動議への対応

必要的動議であっても、合理的な理由がないことが明白な動議や、会議体の基本原則である一事不再議（一度審議した事項は同一会議中で再度審議しない原則）に反する動議は、採り上げずに却下して差し支えありません。これらの動議は、株主の権利保障にも審議の充実にもつながらないからです。連続した議長不信任動議や、総会が開始して間もない時間帯での休憩動議などがこれに当

たります。

実務上最も多い動議は議長不信任動議です。裁判例は、「議長不信任の動議については、議長としての適格性を問うというその動議の性質上、権利の濫用に当たるなどの合理性を欠いたものであることが、一見して明白なものであるといった事情のない限り、これを議場に諮る必要があるというべきであり、仮に合理性を欠くものであることが一見して明白であっても、1度はこれを議場に諮ることが望ましいことはいうまでもない。」と述べています（東京高判平成22・11・24資料版商事法務322号180頁〔大盛工業事件〕）。したがって、議長不信任動議については、1度は議場に諮り、立て続けに動議が出された場合には却下することが考えられるでしょう。

なお、議長は議事整理権に基づき株主が発言することのできる時期を指定することができます。裁判例は、「議長は、株主の発言は報告事項の報告終了後にするよう求めて議事を進行していたところ、冒頭手続中や代表取締役による報告事項の報告中に、これを中断してまで株主の発言を優先すべき理由はないのであって、右報告の間における株主の発言を禁止する旨の議事運営は、議長の善管注意義務に照らして、不当なものとはいえない。」と判示しています（福岡地判平成3・5・14判時1392号126頁〔九州電力事件〕）。多くの会社では、議長シナリオの冒頭に「ご発言につきましては、報告事項の報告（および決議事項の説明）の後にお受けいたしますので、ご了承賜りたくお願い申し上げます。」との断りを入れています。

5 委任状・議決権行使書・電子投票の取扱い

手続的動議の賛否は、総会に現実に出席した者が有する議決権の過半数により決します。よって、委任状出席による議決権は賛否にカウントします（分子にも分母にも算入します）が、議決権行使書および電子投票による議決権は賛否にカウントしません（分子にも分母にも算入しません）。議決権行使書や電子投票はあくまで議案に対する賛否を表明するもので、手続的動議は対象でないからです。

したがって、会社の方針に賛成しているある程度の大株主が出席すれば、その大株主だけで総会に現実に出席している株主の議決権の過半数を占めることになり、手続的動議が出ても否決することができます。また、役員の有する株式は、包括委任状を利用するなどして、社員株主に議決権行使を委ねておくとよいでしょう（**Q17**、113）。

5 動議 Q110 177

Q110 議案修正動議への対応

(1) 議案修正動議が可能な範囲は、一般にどこまでと解されますか。
(2) 次の議案の修正動議はどこまで許されますか。
　ア　剰余金の配当額の変更（増配・減配）
　イ　取締役・監査役候補者の変更
　ウ　取締役報酬枠の改定
　エ　募集株式の有利発行
　オ　定款変更
　カ　合併契約書・分割契約書等の承認
(3) 議案修正動議が出た場合、どのように審議・採決をすればよいですか。
(4) 議案修正動議が出た場合、委任状・議決権行使書・電子投票の取扱いは
　どうなりますか。

1 議案修正動議が可能な範囲（一般論）

　総会も会議である以上、会議の出席者である株主は、審議の対象となっている議案について、修正動議を提出することができます。これを議案修正動議、あるいは実質的動議といいます。

　議案修正動議は、無制限にできるわけではありません。

　第1に、議案修正動議の内容が、①法令・定款に違反する場合、または、②実質的に同一の議案につき総会において総株主の議決権の10％以上の賛成を得られなかった日から3年を経過していない場合には、動議は許されません（法304条ただし書）。

　第2に、議案修正動議は、招集通知および株主総会参考書類に記載された内容から株主が一般に予見しうる範囲に限られます。議案修正動議が無制限にできることになれば、事前に招集通知を発する趣旨が損なわれます。このため議案修正動議は、招集通知の内容から一般に予見しうる範囲に限られているのです。

　この関係で、実質的に新たな「議題」を追加することになる修正動議を提出することはできないと解されています。議題とは総会で討議する目的事項のことで、議題に関する具体的な提案が議案です（Q10）。取締役選任議案の場合、「取締役3名選任の件」が議題に当たり、その議題について「A氏を選任する」「B氏を選任する」「C氏を選任する」という議案があることになります。株主が「議題」を提案するには、総会の日の8週間前までにしなければならないため（法303条1項。Q13）、総会当日に、動議によって突然議題を追加す

ることはできません。

　何をもって株主が一般に予見しうる範囲かについては、議案ごとに考えざるをえませんが、一般に、株主に有利な方向に修正することは認められやすいといえ、株主に不利な方向に修正することは認められにくいといえます。

　なお、そもそも総会で決めるべき事項とはまったく関係のない動議（株主優待の実施を求める動議や、総会後の株主懇談会の実施を求める動議など）は、動議としての実質がありませんので、動議として採り上げる必要はありません。

2　議案修正動議が可能な範囲（各論）

(1)　剰余金の配当額の変更（増配・減配）

　剰余金の配当額を変更する動議は、増額・減額いずれも許されます。

　たとえば、会社提案が「1株につき50円の配当」であった場合に、これを「1株につき60円」に変更する動議も、「1株につき40円」に変更する動議も許されます。また、「会社提案にさらに5円追加してほしい。」との言い方でなされた動議については、「1株につき55円」の動議として取り扱えばよいでしょう（後述3）。

　なお、会社法上、剰余金の配当は分配可能額の範囲内でのみ可能です（法461条）。そのため、分配可能額を超えるような極端な増配の修正動議は不適法であり許されません。

(2)　取締役・監査役候補者の変更

　取締役選任議案は、人数を明記して「取締役○名選任の件」との議題で上程するのが一般です。

　このような議題では、まず、①選任される取締役の人数を増やす修正動議は認められません。たとえば「取締役3名選任の件」との議題について、原案（会社提案）の「A氏」「B氏」「C氏」に加えて、「D氏」を取締役に選任するよう求める修正動議は許されません。「D氏」を加えることは、実質的に「取締役1名選任の件」との議題を加えるのと同じだからです。

　次に、②選任される取締役の人数を減らす修正動議、たとえば、取締役を「A氏」と「B氏」の2名のみにする修正動議は、動議ではなく「C氏」の選任に反対するとの意見表明にすぎないと解されます。

　一方、③選任する取締役の人数を増やさず、その具体的な人選を入れ替える動議は許されます。たとえば、候補者のうち「C氏」に代えて「E氏」を選任することの動議、すなわち選任する取締役を「A氏」「B氏」「E氏」の3名にすることの動議を提出することはできます。

株主から単に「F氏を取締役に選任してほしい。」との言い方で動議がなされたときは、議長としては、動議の趣旨が上記①③のいずれであるかを確認する必要があります。

監査役選任議案についても、上記の取締役選任議案と同様に解することができます。なお、監査役会設置会社では、監査役の半数以上を社外監査役とする必要があり（法335条3項）、監査等委員会設置会社では、監査等委員の過半数を社外取締役とする必要があります（法331条6項）。よってこれらの要件を充たさない動議は不適法となります。

(3) 取締役報酬の改定

取締役の報酬議案は、過去の総会で承認されていた報酬額よりも増やしたいときに、「取締役の報酬額改定の件」との議題の下に「年額○○円以内」との議案として上程されるのが通常です。総会によって承認された報酬額は、上限（枠）と理解されています。

会社法が、取締役報酬（法361条）を株主総会の決議事項とした趣旨は、役員による「お手盛り」を防止する点にあります。このことから、報酬枠を原案よりも減額すること（増額改定の幅を原案よりも小さくすること）は、「お手盛り」の危険を減らし株主に有利な変更に当たるため許されますが、報酬枠を原案よりも増額すること（増額改定の幅を原案よりも大きくすること）は、株主に不利な変更に当たり、株主の予見範囲を超えるものとして許されません。

(4) 募集株式の有利発行

第三者割当による募集株式の有利発行（特定の者に対して株式を割安な価格で発行すること）は、総会の特別決議事項です（法199条3項・2項、309条2項5号）。その趣旨は、有利発行は株価の下落要因となるため、その実施を総会での株主の承認にかからしめることで、株主の経済的利益に配慮する点にあります。

このことから、募集株式の発行価格を原案よりも高くする旨の動議は、株主の経済的利益へのマイナス要因を減らすことになり株主に有利な変更ですから許されますが、低くする旨の動議は許されません。

また、同様の理由により、発行株式数を原案よりも減らす旨の動議は許されますが、増やす旨の動議は許されません。

(5) 定款の変更

現行の定款と会社提案による変更内容とを対比したときに、変更の幅を削減する方向での動議は許されますが、増やす方向での動議は許されません。たと

えば、取締役の上限人数を現行の5名から7名に増員改定する旨の定款変更議案では、上限人数を6名に変更する修正動議は許されます。また、会社の事業目的を3つ追加する定款変更議案については、このうちの2つのみを追加する旨の内容に変更する修正動議は許されます。

これに対し、現行の定款と会社提案による変更内容との間に幅が観念できず択一的である場合には、その変更は株主の予見を超えるため、修正動議は許されない場合が多いでしょう。たとえば、本店を大阪市から東京都中央区に変更する原案に対して、これを名古屋市とする旨の修正動議や、決算期を8月から3月に変更する原案に対して、これを12月とする旨の修正動議は許されません。

(6) 合併契約書・分割契約書・株式交換契約書の承認

合併契約書・分割契約書・株式交換契約書は、相手方との間で契約の締結に至った段階で確定しているため、一切の変更が許されません。契約の一方当事者が、相手方のある契約を相手方の承諾もなしに一方的に変更することはできないためです。

3 議案修正動議の審議・採決の仕方

法的には、上記1や2のとおり、議案修正動議のできる範囲には限界があるものの、実務では、議案修正動議が提出されたら、適法か不適法かを厳密に問わずに採り上げて、審議・採決することが多く行われています。それは次のような政策的考慮によります。

第1に、議案修正動議は、適法である限り、必ず採り上げて審議し採決しなければならないものです（必要的動議）。そして議長が適法な動議を採り上げなかったときは、総会の決議取消事由となるため、議長が不適法と考えて採り上げなかった動議が、決議取消訴訟を審理する裁判所によって適法と判断されたときの影響は甚大なものとなります。反面、不適法な動議であっても、任意に採り上げて審議・採決することは何ら差し支えありません。そして多くの会社では、総会前日までの書面投票の結果から、会社提案（原案）が可決されることが明らかになっていますから、議案修正動議は、内容が何であれ否決することができます。こうして見ると、動議が適法か不適法かで悩むよりも、採り上げて審議・採決し否決してしまった方が、法的リスクがずっと少ないといえます。

第2に、議案修正動議の内容は多岐にわたりうるため、総会前には完全に予見することができず、動議が提出されたその場で適法か不適法かをとっさに

判断できないことが少なくありません。また、資本金・資本準備金の額の減少についての議案修正動議や、自己株式の取得についての議案修正動議、金額を明示しない退職慰労金贈呈議案についての議案修正動議がどこまで許されるのかについては定説もなく、動議が適法か不適法かの分水嶺が不明確です。このほか、商号を「株式会社○○」から「株式会社○○ホールディング」に変更する定款変更議案について、これを「株式会社○○ホールディングス」に修正する旨の動議は、上記2(5)によれば「択一的」な変更ではありますが、わずかな修正にすぎず、株主にとって予見範囲を超えるとはいいがたい面があります。このような机上事例を考えていくと、きりがありません。

　このことから、多くの会社では、議案修正動議が提出されたときは、それが総会の目的事項から外れていることが一見して明らかであるような極端な場合（株主優待の実施を求める動議や、総会後の株主懇談会を求める動議など）を除き、動議として採り上げて、審議・採決し、否決を宣言することとしているのです。

(1)　動議を採り上げる場合

　議案修正動議を採り上げる際のシナリオには、次の2つがあります。

(A)　ただちにその場で審議し採決して否決する方法

(B)　会社提案（原案）と一括して審議の上、採決の段階で原案を先に採決して可決し、同時に動議を否決されたものとして取り扱う方法

(A)の方法は、次のようなシナリオとなります。

議長：ただいま、○番の株主様から、第1号議案「剰余金の処分の件」について、配当額を1株につき50円ではなく60円とする旨の修正動議が提出されました。この修正動議については、ただちに審議の上採決することとしたいと存じますが、このような議事進行にご賛成の株主様は、拍手をお願いいたします。

　（株主拍手）

議長：ありがとうございます。賛成多数と認めますので、それでは修正動議についてご審議をお願いいたします。修正動議について、ご発言のある株主様はいらっしゃいますか。

　（発言希望があれば受け付ける）

議長：それでは、ほかにご発言もないようですので、ただいまより、修正動議の採決をしたいと存じます。修正動議についてご賛成の株主様は、拍手をお願いいたします。

　（拍手少数）

議長：ありがとうございました。反対多数と認めますので、修正動議は否決されました。それでは引き続き、元の審議を進めたいと存じます。ご発言のある

株主様はいらっしゃいますか。
　（元のシナリオに戻る）

　この方法の利点は、会社提案（原案）を採決する際のシナリオが変わらないため、後述する(B)の方法よりも、総会のシナリオをシンプルにできることです。読者の多くは、社内の会議において、出席者の１人が元の案を一部修正した案を持ち出したことをきっかけに、出席者の間で議論がその修正案に集中し、その修正案がうまくいかないとの結論に至るや、再度、元の案に議論が戻ったという経験をしたことがあると思います。(A)の方法は、こうした会議一般の流れに沿ったものといえます。

　しかし、(A)の方法では、議案修正動議が出るたびに原案の審議を中断して、修正動議についての審議と採決をしなければならないこととなります。たとえば、上記のシナリオで原案の審議に戻った後に、株主から「１株につき55円」の修正動議が出たときは、再度同じことを繰り返さなければなりません。

　そこで、実務では、(B)の方法が一般に利用されています。この方法は、次のようなシナリオとなります。審議の段階と、採決の段階とにシナリオが分かれるのが特徴です。

＜審議の段階＞
議長：ただいま、〇番の株主様から、第１号議案「剰余金の処分の件」について、配当額を１株につき50円ではなく60円とする旨の修正動議が提出されました。この修正動議につきましては、原案と合わせて審議の上、後ほど原案とともに採決したいと存じますが、このような議事進行にご賛成の株主様は、拍手をお願いいたします。
　（株主拍手）
議長：ありがとうございます。賛成多数と認めますので、それでは原案とともに審議を続けます。ご発言のある株主様はいらっしゃいますか。
　（いったん元のシナリオに戻る）
　（中略）
＜採決の段階＞
議長：それでは第１号議案「剰余金の処分の件」について採決いたします。第１号議案につきましては、先ほど株主様から、原案の「１株当たり50円」ではなく「１株当たり60円」とする旨の修正動議が提出されておりますが、原案を先に採決したいと存じます。原案を先に採決することにご賛成の株主様は、拍手をお願いいたします。
　（株主拍手）

議長：ありがとうございます。賛成多数と認めますので、まず原案を先に採決いたします。原案にご賛成の株主様は、拍手をお願いいたします。
　（株主拍手）
議長：ありがとうございます。賛成多数と認めますので、第1号議案「剰余金の処分の件」は、原案どおり承認可決されました。なお、原案が承認可決されたことから、修正動議につきましては否決されたものといたします。

　前半の審議の段階で、議長が、原案と修正動議を合わせて審議する旨を議場に諮ることは必須ではありません。このような議事整理は、議長の議事整理権の範囲内に属することだからです。ただし議場に諮っておく方が、丁寧な進め方といえるでしょう。

　後半の採決の段階でのポイントは、次の2つです。

　第1に、原案を先に採決し、可決を宣言することで、議案修正動議については改めて株主の賛否を確認することなく、否決されたものとみなす旨の取扱いをしていることです。このようにすれば、動議が何個提出されても、原案の可決とともにすべての動議が否決されたことになりますから、動議の数によってシナリオが変わることがありません。注意が必要なのは、この方法は原案と「論理的に両立しない」修正動議が提出された場合に有効なことです。修正動議が原案と論理的に両立しないがゆえに、原案の可決と同時に、修正動議の否決が自動的に確定するからです。そのため、原案と両立しかねないような修正動議が出されたときは、動議を採り上げる際に、原案と両立しない内容に動議を解釈し直す必要があります。たとえば、「1株当たり50円」の配当の原案について、株主から「もう10円追加してほしい。」との修正動議が出された場合には、そのままでは原案と修正動議が論理的に両立するため、上記のシナリオで処理することができません。「1株当たり50円」との原案が可決しても、「さらに10円を追加して配当する」ことについての株主の意思がただちに否定されることにはならないからです。そこで、このような動議が出たときは、議長としては動議を提出した株主に「ただいまの株主様の動議は、剰余金の配当を1株当たり50円ではなく60円とする旨の議案修正動議をご提出されるご趣旨ですね。」などと確認して了解をとるのがよいでしょう。そうすれば「1株当たり50円」の原案と「1株当たり60円」の修正動議は非両立の関係となりますので、上記のシナリオで処理することができます。株主が動議を提出するのは原案の内容に不満があってのことでしょうから、通常は、動議の内容は原案と論理的に非両立なはずであり、実務上よく問題となるのは、上

記の剰余金配当の場合くらいです。ただし事務局としては、動議が出された際には、いったんは「原案に賛成ということは、動議には反対ということが論理的にいえるか」を考えてから、議長に対応を進言する必要があります。

第2に、この方法は、採決の段階で、①「原案を先に採決すること」についての採決と、②「原案」についての採決の2回、採決を行っていることです。①は採決の仕方（議事進行）についての採決であり、②は議案そのものについての採決です。①の採決は、議事整理権を有する議長の専権に属する事項ですから、厳密には必須ではありません。しかし修正動議が出た際には修正動議から先に採決するのが合理的であるとの見解があることと（国会ではそのように運営されています）、過去の裁判例に、上記①の採決を行った上で②の採決を行った議事進行を適法と判示したものがあるため（仙台地判平成5・3・24資料版商事法務109号64頁〔東北電力事件〕）、実務上、念のために採決を行う慣行が定着しています。

事務局としては、議長が上記①の採決と②の採決を混同しないように注意する必要があります（過去の裁判例に、議長が①の採決を行ったのみで②の採決をしないままに原案の可決と修正動議の否決を宣言したため、決議取消事由があると争われた例があります（東京地判平成19・10・31金判1281号64頁〔鉱研工業事件〕。ただしこの事案では、結局取消しには至りませんでした）。

(2) 動議を採り上げない場合

一方、議案修正動議を採り上げない場合には、議長としては、以下のように述べて動議を却下します。

> 議長：せっかくのご提案ではございますが、修正動議の内容が、本総会でご審議いただける範囲を超えておりますので、議場にお諮りすることができません。ご了承くださいますようお願いいたします。

> 議長：せっかくのご提案ではございますが、1株につき○円の配当は、分配可能額を超えた違法な配当となりますので、議場にお諮りすることができません。ご了承くださいますようお願いいたします。

4 委任状・議決権行使書・電子投票の取扱い

委任状出席による議決権は、委任を受けた者が総会の場で行った賛否をカウントします。

議決権行使書は、①原案に「賛成」の議決権行使書は、議案修正動議には

「反対」としてカウントします。②原案に「反対」の議決権行使書は、議案修正動議には「棄権」としてカウントします。棄権は、議案の可決を左右する賛成割合の分母には算入して分子には算入しないので、実質的には反対と同じこととなります。

電子投票についても議決権行使書と同様です。

6 採決

Q111 質疑打切りのタイミング・方法

　発言希望者がまだいる中で、どのようなタイミングで質疑を打ち切るのがよいですか。また打切りの方法にはどのような工夫がありますか。

1 質疑を打ち切ることができる場合

　白書2015年版によると、質疑の打切りを行った会社は15.6％あり、資本金1000億円超の会社に限ると6割を超えています。

　総会も会議であり、出席者は自らの時間を割いて一堂に会しているのですから、審議に費やすべき合理的な時間は、おのずと決まっているはずです。総会における質疑の時間は、総会の目的事項についての審議の充実を図るためにあり、出席した株主の個人的な興味を満足させるためにあるわけではありません。よって、発言希望者の全員の発言が終わるまで、延々と質疑の時間を続けなければならないということはありません。

　一方で、役員は説明義務（Q81）を負っていますので、発言希望者がまだ多数残っており役員が満足な説明を行っていない中で、早々に質疑を打ち切ってしまうと、役員は説明義務違反を問われ、総会の決議取消事由になりかねません。

　そこで、両者のバランスをとる必要があります。

　報告事項における質疑は、株主が報告事項の内容を理解できるようにするためにあります。決議事項（議案）における質疑は、株主が賛否についての合理的な判断をできるようにするためにあります。よって、一般論としては、平均的な株主がそのようなレベルに達したときが質疑を打ち切ってよいタイミングです。裁判例は、次のように述べています。

　　・「議長は、平均的な株主が客観的にみて会議の目的事項を理解し、合理的

に判断することができる状況にあると判断したときは、まだ質問等を求める者がいても、そこで質疑を打ち切って議事進行を図ることができるものと解される」（名古屋地判平成5・9・30資料版商事法務116号187頁〔中部電力事件〕）

・「議長は、株主がなお質問を希望する場合であっても、議題の合理的な判断のために必要な質問が出尽くすなどして、それ以上議題の合理的な判断のために必要な質問が提出される可能性がないと客観的に判断されるときには、質疑応答を打ち切ることができ〔る〕」（東京地判平成4・12・24判時1452号127頁〔東京電力事件〕）

・「株主総会も1つの会議体であって、議長は、……議事整理権に基づき、他の株主に質問の機会を与えることができるよう、また、合理的な時間内に会議を終結できるよう、各株主の質問時間や質問数を制限することができると解されるし、相当な時間をかけて既に報告事項の合理的な理解のために必要な質疑応答がされたと判断したときは、次の目的事項に移行すべく質疑を打ち切ることができるものと解される。」（福岡地判平成3・5・14判時1392号126頁〔九州電力事件〕）

2 質疑打切りタイミングの考慮ポイント

しかし、株主が報告事項について理解し、議案について賛否の合理的判断ができるレベルに達したかは、株主の内心に属する事項を総合しなければ本当のところはわかりません。そこで実務では、以下の3点をポイントにしながら、打切りのタイミングを総合判断しています。

(1) 質疑時間の長さ

一括上程方式（31〜33頁）を採用し、例年質疑を打ち切っている会社では、午前10時に総会を開始し、12時前後には質疑打切りを考えることが多いように思われます。

そうすると、質疑にかけている時間は、1時間から1時間半程度になります。大きな企業不祥事や株主提案・委任状勧誘戦などがなく、議案が剰余金の配当と役員選任とその他若干という程度であれば、1時間から1時間半程度の質疑時間があれば、目的事項に関する大抵の株主の関心事には応えられるのではないかと思われます。

個別上程方式（28〜30頁）の場合は、報告事項および個別の議案ごとに、十分な質疑時間を確保したかを検討する必要があります。総会全体の時間が長くても、ある議案の質疑時間だけが短く、その議案について多数の株主が発言

を希望していた場合には説明義務違反を問われる可能性があります。

(2) 発言者の数

発言希望者の数との見合いで決まるため、発言者の数の絶対数だけでは判断できませんが、挙手をする株主の数が次第に少なくなり、「ひととおり当て終わったな。」と感じられるだけの数の株主を当てた場合には、質疑の打切りを見計らうことができます。逆に、質疑時間が経過していても、一部の株主ばかりが発言していて、他に多くの株主が発言を希望している場合には、打切りには熟していないことが多いといえます（この場合は他の株主に当てることが適切です。**Q69〜70**)。

(3) 発言の内容

株主の発言は、最初のうちは総会の目的事項に関するものの割合が比較的高く、次第に目的事項から離れて、発言株主だけの興味事項に関する質問の割合が増えていくのが経験則です。質疑時間の経過とともに、すでになされた発言と似たような発言も増えてきます（そのような発言の場合、株主から「先ほどの株主も似たようなことをおっしゃっていましたが」との前置きがあったりします）。また、当初は、招集通知の内容や会社の説明に対する「質問」が多かったのが、やがて株主の個人的な「意見」や「陳情」の類の発言が多くなってくるのも1つの特徴です。

総会の目的事項から離れた発言や、内容の重複した発言、意見や陳情が増えてきて、審議がだれてくる雰囲気が出てきたら、質疑打切りを検討する頃合いであることが多いでしょう。それ以上質疑の時間を続けていても、総会の目的事項についての審議の充実にはつながらないシグナルだからです。

3 質疑打切りを誰が判断するか

質疑打切りは質疑の質と量の総合判断ですから、それまでに受けた質疑の内容を振り返りながら判断する必要があります。議長は、質疑の時間中、株主との一問一答に集中しているはずですから、これに加えて、過去の質問の内容を振り返りながら、法的にリスクを生じないタイミングで打切りの判断まで行うのは得策ではありません。

そこで、質疑打切りの実質的判断は、質疑応答の記録をとっている事務局が行い、議長に進言するかたちをとるのがよいでしょう。議長としては、事務局から打切りの進言があるまで、目の前にいる株主との質疑応答に集中するのです。もちろん、事務局が打切りを進言した場合に、議長がもう少し発言を受け付けたいと考えるのであれば、議長の判断で、続行して差し支えありません。

その場合は、事務局にて次の打切りのタイミングを見計らうことになります。ここで防ぐべきは、議長が早すぎるタイミングで打切りの判断をしてしまうことです。

4　質疑打切りをする際の工夫

　質疑の打切りをする際は、あらかじめ発言を受け付ける人数を予告してから打切りをする工夫が考えられます。白書2015年版によると、質疑打切りをした会社のうち、85%超が「あと○名」と予告しています。この際、すでに発言した株主から、それまでに出た質問と似たような質問が繰り返されることを避けるために、「まだご発言をされていない株主様はいらっしゃいますか。」などと述べることも考えられます。

> 議長：それではだいぶ時間も経過しましたので、あと２、３人の株主様からのご発言をいただいてから採決に移りたいと存じます。

> 議長：それでは最後のおひとりから、ご発言を受け付けて採決に移りたいと存じます。

　また、質疑を打ち切る際に、議場に諮る運用としている会社もあります。審議を尽くしたかどうかは質疑応答の内容に応じて客観的に定まるものであり、議場に諮ったからといってただちに適法性が保障されるわけではありませんが、多数の株主が質疑打切りに賛成していることは、公正な議事進行を行っていることの考慮要素の１つにはなります。

> 議長：それでは多数の株主様よりご発言をいただき、審議を尽くしましたので、審議を終了してこれから採決に移らせていただきたいと思いますが、ご賛成の株主様は、拍手をお願いいたします。
> 　（株主拍手）
> 議長：ありがとうございます。賛成多数と認めますので、審議を終了し、これから採決を行います。

5　議長が発言希望者を見落としたまま採決に入った場合

　なお、発言した株主がいない状況で（あるいは数人が発言しただけの状況で）、議長が、発言希望者を見落として採決に入ってしまった場合には、会場係としては、議長に向かって大きく手を振ったり、トランシーバーなどあらかじめ決めてある連絡手段で事務局に連絡をとったり、ただちに議長のところに駆けつ

けるなどして、挙手した株主の存在を知らせるのが適切です。議長が見落としたことを理由に損害賠償請求がなされた訴訟があり、1審では、上記のようなことをしなかった会場係の対応が「不手際」だったと指摘されています（請求は棄却。東京地判平成22・7・29公刊物未登載、東京高判平成23・2・23公刊物未登載）。

Q112　採決の方法

採決の方法に決まりはありますか。賛否をどこまで厳密にカウントする必要がありますか。

1　決まりはなく、実務では拍手が大勢

総会の決議は、議案に対する賛成の議決権数がその総会の決議に必要な議決権数に達したことが明白になったときに成立します（最判昭和42・7・25民集21巻6号1669頁参照）。

会社法上、採決の方法に決まりはありません。裁判例も「株主総会における決議については、法律に特別の規定がないから、定款に別段の定めがない限り、議案に対する賛否〔成〕あるいは反対が可決ないし否決の決議の成立に必要な数に達したことが明確になったときに成立するものであり、従って、決議の方法についても、定款に別段の定めがない限り、議案の賛否について判定できる方法であれば、いかなる方法によるかは総会の円滑な運営の職責を有する議長の合理的裁量に委ねられているものと解される。」と判示しています（東京地判平成14・2・21判時1789号157頁〔三井住友銀行事件〕）。

白書2015年版によると、採決の方法は拍手が96.1％、挙手が3.1％、投票が0.5％であり、拍手が圧倒的多数を占めています。

通常の総会では、前日までの議決権行使書の状況や、当日の出席が見込まれる大株主の議決権行使の見通しから、総会の開催前に、すべての議案について可決要件を充たしていることが確認できます。この場合、総会の当日に出席者の賛否を厳密に数える必要はありません。採決の方法について株主から意見や動議が出たとしても、議長としては次のように述べて取り合う必要はありません（もちろん、動議として採り上げて否決することでも差し支えありません）。

議長：採決の方法など議長の権限に属する事項につきましては、議長である私の判断にお任せくださるようお願いいたします。

190 第２編 株主総会の実務Q&A 第２章 総会当日の実務

> 議長：賛否の判定につきましては議長である私が責任をもって行いますので、ご信頼くださるよう（お任せくださるよう）お願いいたします。

　これに対し、総会の前日までに可決の見通しが明らかにならず、総会に出席した株主の議決権行使次第で可決も否決もありうるときは、投票など、出席者の賛否をカウントできる方法による必要があります。

　なお、議案ごとに採決の方法を変えることも可能です。可決するか否決するかが事前に判明しない議案が１つなら、その１つの議案のみを投票に付すことも許されます。

2　臨時報告書による議決権行使結果の開示

　会社は総会後遅滞なく、決議事項に対する賛成、反対および棄権の意思表示にかかる議決権の数等を臨時報告書において開示する必要があります（金商法24の５第４項、開示府令19条２項９号の２）。しかしこの規定は、議決権の行使結果を厳密にカウントすることを求めているわけではありません。

　実務では、議決権行使書の結果に、総会に来場して賛成を投じたことが明らかな大株主と役員の議決権行使結果を加算して開示する例が多数です。その際には、臨時報告書中に「本株主総会前日までの事前行使分および当日出席の一部の株主から各議案の賛否に関して確認できたものを合計したことにより可決要件を充たし、会社法上適法に決議が成立したため、本株主総会当日出席の株主のうち、賛成、反対および棄権の確認ができていない議決権数は加算しておりません。」などと書きます。

　そのほか、株主の入場受付時に、賛否欄のある出席票あるいはアンケート用紙を配付し、総会終了時に回収箱に投函してもらうことで、出席株主の賛否を臨時報告書に反映する会社もあります（「出口調査方式」といいます）。総会終了直後に事務局から次のような案内をすればよいでしょう。

> 事務局：入場時にお渡しいたしました議決権行使アンケート用紙は、後日、弊社が議案ごとの賛否を公表する際に使用いたしますので、お手数ですがご記入の上、会場出口に設置された回収箱にご投函くださいますようお願い申し上げます。

3　株主提案への賛否

　株主提案が総会において総株主の議決権の10％以上の賛成を得られなかったときは、その総会から３年間は、実質的に同一の議案を再度提案すること

ができないとされています（法304条、305条4項。Q13）。この規定を活用して将来の株主提案を排除したいと考えた場合、株主提案への賛成が10%未満であったかを記録にとどめる必要があります。もっとも、増配提案であれば、翌年の経営環境は前年と異なっているため、実質的に同一の議案とはいえないでしょうし、株主が本気で株主提案をする意思があるのであれば、実質的に同一の議案とならないよう工夫するはずですから、現実的には、排除の効力には限界があるともいえます。

4　反対株主の株式買取請求権

　事業譲渡や組織再編など、会社の基礎に変更が生じる行為に反対する株主は、会社に対して株式の買取請求権を有しています。この請求権を行使するためには、総会に先立って反対を通知し、かつ、総会においてその行為に関する議案に反対しなければならないとされています（法116条、469条、785条、797条、806条等）。

　総会の場で反対の議決権を行使したかどうかを記録化する方法は特に法定されていません。実務上は、次の方法があります。総会に出席する人数や反対の状況をふまえ、会社として最も円滑・確実に対処できる方法を検討すればよいでしょう。

① 議案の採決自体は拍手で行うものの、反対した株主には挙手をしてもらい、その場で出席票番号を聞く方法

② 総会終了後の会場脇に、議案に反対した株主にその旨を申告してもらう窓口を設ける方法

③ 特に何もせず、総会に先立って反対を通知し総会にも出席した株主から株式買取請求権の行使があった場合には、総会当日も反対の議決権を行使したとみなして処理する方法

Q113　役員の有する株式についての議決権

　当日出席する役員が有する株式の議決権は、どのようにして賛否に反映するのがよいですか。

　包括委任状を当日出席予定の社員株主などに交付し、議決権を行使してもらうのが最も問題が少ないといえます。

　投票が行われた上場会社の総会で、現実には投票しなかった役員の議決権を算入したことが問題とされた事案があります。裁判所は、「議長が投票という

表決方法を採用した以上、たとえ議長において当該株主の当該議案についての賛否の意思を明確に認識していたからといって、……投票したのと同様に議決権を行使したものと扱うことは許されない。」と判示し、決議を取り消しました（大阪地判平成 16・2・4 金判 1191 号 38 頁〔井上金属工業事件〕）。

この裁判例は、投票以外の採決の場合にはどう解すべきかについては何も触れていません。それまでの実務慣行は、拍手等の適宜な方法で採決を行う場合には、議長は役員が賛成していることを当然に認識しているから、役員が特に何もしなかったとしても賛成にカウントしてよいと考えられており、上記裁判例が出た後も、このような慣行が全部否定されるものではないと考えられます。しかし、議長が「ご賛成の株主様は、拍手をお願いいたします。」と、議案の賛成に拍手を求めているのに、なぜ拍手しなかった株主を賛成にカウントできるのかという疑問は払拭しきれませんから、念のため、役員が包括委任状（**Q17**）により社員株主に議決権行使を委ねる方が問題が少ないといえます。

なお、手続的動議には対応できませんが（**Q109**）、議決権行使書を事前提出することでも差し支えありません。

Q114　総会前に議案の可決・否決の見通しが確定しない場合の採決方法

総会前に議案の可決・否決の見通しが確定しない場合、どのような採決方法をとるべきですか。

議決権行使書の状況や総会に出席して賛成する見込みの大株主の状況から、総会前に議案の可決または否決の見通しが判明せず、総会に来場する株主の賛否の意思表示次第で結果が決まる場合には、来場株主の賛否を厳密に特定できる方法で採決を行う必要があります。その具体的な方法に制限はありませんが、実務的には、大規模な総会では投票を行うことが考えられ、小規模な総会では挙手や起立で賛否を数えることが考えられます。

1　投票

大規模な総会で投票を行う場合、入場時に投票用紙を配付し、採決の際に株主に記入してもらって回収し、集計することが一般です。投票用紙の様式は、出席票に投票用紙を合体させたものや（投票用紙部分に賛成・反対を記入する欄があり、ミシン目で出席票と投票用紙を切り離す仕組み）、バーコードの入ったマークシート式のものなどがあります。バーコードは、読取り機械にかけるこ

とによって早く集計することを可能にします。投票には時間がかかりますから、投票を行う場合のシナリオは一括上程方式（31～33頁）を採用するのが現実的です。投票を行う総会の流れの例は次のとおりです。

① 総会場への入場受付時に、株主に投票用紙を渡す
② 報告事項と議案の審議を行う（拍手で採決する通常の場合と同じ）
③ 議長より議案の採決を投票によって行う旨を伝え、事務局より投票用紙の記入方法を案内する
④ 議場の出入口を封鎖し、議案への賛成割合を判定する分母を確定する
⑤ 株主が投票用紙に賛否を記入する
⑥ 会場係が投票箱を持って会場内を回り、投票用紙を回収する
⑦ 集めた投票用紙を読取り機械に投入するなどして賛否を集計する
⑧ 議長が投票結果を発表し、議案の可決または否決を宣言する

　投票を行う場合には、集計時間中に休憩をとるのか、投票にかけられる議案に対して議案修正動議が出たときはどうするのか、手続的動議が出た場合の賛否をどう集計するのか、投票用紙の記載内容が不明確なときの有効無効の判定基準をどうするかなど、検討すべきことが多岐にわたります。そのため証券代行機関や総会をサポートする弁護士との綿密な準備が必要です。

　なお、総会直前まで議案の可決・否決の見通しが確定しない場合は、議案に対する反対が相当多いときでしょうから、議案の撤回をすることも考えられます（**Q10**）。

2　挙手、起立

　小規模な総会では、投票を実施せずに、議案の採決の際に議長が株主に挙手や起立を求め、出席票番号を順に聞いていくことで議場の賛否を正確に把握できることがあります。議案の可決・否決は、株主の頭数ではなく、議決権数で判断しますので、出席票番号から株主が誰かを割り出して、その株主の議決権数を賛否に算入していくことになります。

　議案に賛成する者の方が多そうであれば、議案に賛成する者の挙手や起立を求めるのではなく、議案に反対する者の挙手や起立を求めた上で、議長が「挙手されていない方は、議案に賛成ということでよいでしょうか。」と議場に念押しする方法でも差し支えありません。賛成の意思表示を求めるか、反対の意思表示を求めるかは、議長の裁量に委ねられているからです。ただしこの場合には、採決の前に途中退場した株主の議決権数を賛成に含めてしまわないよう注意する必要があります。

Q115　採決後の留意点

採決を終えた後の留意点にはどのようなものがありますか。

議長が採決を終えた後は、閉会宣言まで一気にシナリオを進めるべきです。もし株主から「賛否の数を明らかにせよ。」との意見が出たとしても、議長としては、不規則発言として制したり、以下のように述べればよいでしょう。

> 議長：議決権行使書による議決権行使および本日ご出席の株主様のご賛成により、可決要件を充たしたことを確認いたしました。賛否の確認方法については、議長である私の権限に委ねられておりますのでご理解ください。

新任役員の紹介は、閉会宣言後に行うのが一般です。総会は、目的事項の審議と採決を行った時点で目的を達するので、それが終わった以上はすみやかに閉会を宣言するのが妥当です。

新任役員の紹介を含めてすべてのシナリオを終えたら、議長をはじめ役員はすみやかに総会場から退出します。いつまでも総会場に残っていると、株主が壇上に寄ってきて、経営陣に向かって質問を始めることがあります。株主との懇談が有用であると考えられるのであれば、別途株主懇談会の場を設けることが考えられます（**Q124**）。

Q116　特別利害関係人の議決権

総会決議に特別の利害関係を有する株主が議決権を行使するとどうなりますか。

法831条1項3号は、総会において、①特別の利害関係を有する者が議決権を行使したことによって、②著しく不当な決議がされたときは、総会の決議取消事由に当たると規定しています。その趣旨は、少数株主を資本多数決の濫用から保護する点にあります。

株主は会社の実質的所有者ですから、自己のために議決権行使をしてよいのが原則です。しかし、株主が、多数の株式を有している立場を利用して、自分のみが利益を得て他の株主が害される結果となるような総会決議まで認めるのは適切ではありません。そこで会社法は、上記①②のいずれも充たすときには、決議取消事由になるとしたものです。

①の特別利害関係人としては、次のような者が挙げられます。

・役員退職慰労金支給決議において支給を受ける役員やその相続人たる株主

・組織再編の相手方たる株主

・取締役の任務懈怠責任を免除する総会決議における当該取締役たる株主

②の著しく不当な決議とは、多数決の濫用によって著しく不当な決議がなされた場合をいいます。次のような場合が挙げられます。

・著しく不当に高い報酬決議

・組織再編の相手方に著しく有利な条件で行われる組織再編決議

①の範囲が比較的広い反面、②は絞り込まれているといえます。

具体的に見ると、A社が、株主であるB社と合併するための合併契約承認議案について、B社は特別利害関係人に当たりますが、議決権行使ができなくなるわけではありません。しかし、その合併条件が公正な価格から離れ、B社のみに有利でA社に著しく不利な条件であった場合には、合併承認決議に取消事由があり、株主が決議取消訴訟を提起することにより、承認決議が取り消される可能性があることになります。

⑦ 株主提案

Q117 株主提案議案についての株主による議案説明

株主提案議案については、提案株主にどのくらいの説明時間を与えるべきですか。

株主提案議案も会社提案議案と並んで総会の目的事項の1つですから、議長が上程します。そして、会社提案については議長から趣旨説明を行う以上、公平な議事進行の観点から、株主提案についても株主に趣旨説明の機会を与えるべきです（山形地判平成元・4・18判時1330号124頁〔山形交通事件〕）。ただし、株主の趣旨説明が長時間にわたる場合や、趣旨説明を逸脱した不適切な内容（提案議案と無関係な内容や、名誉毀損・侮辱的な内容）となっている場合には、議長は議事整理権の一環として、株主の趣旨説明を制限することができます。

実務上は、株主の趣旨説明の制限時間をあらかじめ伝えた上で、その時間を超える場合には、長時間にわたる質問と同様の対処をすることが考えられます（**Q74**）。制限時間は、会社提案の説明に要する時間と調和のとれたものである

196 第2編 株主総会の実務Q&A 第2章 総会当日の実務

ことが望ましいでしょう。

> 議長：続きまして、第○号議案から○号議案までを上程いたします。第○号議
> 案から○号議案までは、株主様からのご提案にかかるものです。ご提案いただ
> いた株主様よりご説明いただける場合には、挙手をお願いいたします。
> 　（株主挙手）
> 議長：株主様、出席票番号とお名前をお願いいたします。
> 　（株主が番号と名前を述べ、事務局と議長が提案株主であることを確認）
> 議長：それでは第○号議案から○号議案までのご説明を、要点をまとめて簡潔に、
> ○分以内でお願いいたします。
> 　（○分を経過した場合）
> 議長：株主様、おそれ入りますが時間を経過しておりますのであと1分でおま
> とめください。
> 　　　　　　　　　　　　　　もしくは
> 議長：株主様、恐縮ですが、要点をまとめて、ご提案内容と関係のあるご説明
> をお願いいたします。

　なお、提案株主が説明を求めない場合、あるいは欠席している場合には、議
長は、株主総会参考書類に記載された提案理由を要約して読み上げれば足りま
す。

> 議長：続きまして、第○号議案から○号議案までを上程いたします。第○号議
> 案から○号議案までは、株主様からのご提案にかかるものです。ご提案いただ
> いた株主様よりご説明いただける場合には、挙手をお願いいたします。
> 　（挙手した者がいない）
> 議長：挙手がないようでございますので、それでは私からお手元の招集ご通知
> に基づき、簡潔にご説明申し上げます。まず第○号議案については、……（招
> 集通知の記載を要約したシナリオを読み上げる）

　また、株主の趣旨説明の後（または議長による株主提案の説明の後）に、議長
より取締役会の意見を述べることが一般的です。

> 議長：それでは、ただいまの株主提案にかかる議案につきまして、取締役会の
> 意見を申し上げます。お手元の招集ご通知の○頁をご覧ください。取締役会と
> しては、株主提案に反対いたします。その理由については、……

Q118　株主提案議案についての質問

　　取締役等は株主提案議案について説明義務を負いますか。また議場の株主よ
り提案株主に対する質問があったときはどうすべきですか。

1　株主提案議案についての役員の説明義務

　　取締役、会計参与、監査役および執行役は、総会の目的事項について説明義
務を負っています（法314条）。そして同条は、目的事項が会社提案議案であ
るか株主提案議案であるかを区別していません。よって一般論としては、取締
役等は株主提案議案についても説明義務を負っているといえます。

　　しかし、取締役等は株主提案議案の提案者ではありませんから、提案された
議案の内容や提案理由について問われたとしても、招集通知に記載された内容
の限度で答えればよく、その記載以上の説明をする必要はありません。

　　これに対し、株主提案議案に対する取締役会の意見の内容や、株主提案議案
が問題としている会社の現況に関する事項、株主提案議案が可決した場合に会
社の経営に及ぶ影響などは、質問の性質上、会社が答えるべき類の質問ですか
ら、取締役等は説明する義務を負います。ただし説明義務の範囲や程度は、株
主が株主提案に対する賛否を合理的に判断できる程度で足ります。

2　議場の株主より提案株主に対する質問

　　議場の株主から、株主提案議案の内容や提案理由の釈明を求める質問など、
提案株主が答えるべき性質の発言が出た場合には、議長としては、提案株主を
指名して回答させるのが適切です。しかし、株主は、取締役等と異なり、たと
え自分が提案した議案であっても説明義務を負っていませんから、他の株主か
ら質問を受けても回答を拒絶できます。そのため議長としては、提案株主に回
答するかを確認してから回答させることが適切でしょう。

議長：ただいまのご質問は、第○号議案の内容について、○○であるかとの確
　認を求めるものですが、この点につきましては、ご提案された株主様がご回答
　になりますか。ご回答になる場合は、挙手をお願いいたします。
　（提案株主挙手）
議長：では、出席票番号とお名前をおっしゃってから、簡潔にご回答ください。

　　なお、提案株主に対して行われる質問の中には、提案株主の協力者によるも
のであって、実際には提案株主の演説時間を長くする意図で行われるものがあ

ります。協力者と提案株主との間で質問と回答の応酬をしても、通常は審議の充実にはつながりませんから、そのような場合には議長が議事整理権によって制限してよいでしょう。

Q119　株主提案議案の採決

株主提案議案の採決の際、株主に「反対」の拍手を求めることはできますか。

株主に「反対」の拍手を求めることもできます。採決の方法は、議長の権限に委ねられているからです。次のいずれの方法をとってもかまいません。

① 会社提案議案と同じく、株主提案議案について賛成する者に拍手を求める方法
② 取締役会が株主提案議案に反対であることを述べて、株主提案議案に反対する者に拍手を求める方法

①の場合には、否決される見通しの株主提案は、拍手が少数となります。②の場合の言い回し例は次のとおりです。

議長：続きまして、株主提案であります、第○号議案「定款一部変更の件」について、採決いたします。先ほども申し上げましたとおり、取締役会は、この議案に反対でございます。第○号議案の株主提案に、ご反対をいただける方は、拍手をお願いいたします。
　（株主拍手）
議長：ありがとうございました。反対多数ですので、株主提案であります、第○号議案「定款一部変更の件」は否決されました。

Q120　株主提案議案に対する動議

株主提案議案に対して議案修正動議が出たときは、どのように対応するのがよいですか。

出席株主は、株主提案議案に対しても、議案修正動議を提出することができます。

会社提案についての議案修正動議の処理の仕方には、(A)ただちにその場で審議し採決して否決する方法と、(B)会社提案（原案）と一括して審議の上、採決の段階で原案を先に採決して可決させ、同時に動議を否決されたものとして取り扱う方法の2つがあります（Q110）。

株主提案議案は、通常は否決することが見込まれるので、(A)の方法はとることができますが、(B)の方法はとれません。株主提案の原案が否決されたからといって、同時にそれについての議案修正動議まで否決されることにはならないからです。

そこで、(B)の方法のように株主提案の原案と動議を一括審議する場合には、採決の段階においてまず動議を議場に諮って否決し、それに続けて株主提案の原案を議場に諮って否決することになります。株主提案の原案と動議のいずれを先に採決してもかまいませんが、原案を先に採決するのであれば、原案を先に採決してよいか議場に諮った方がよいでしょう。

<審議の段階>
議長：ただいま、○番の株主様から、第○号議案「定款一部変更の件」について、原案の「○○」の部分を「○○」と修正する旨の修正動議が提出されました。この修正動議につきましては、原案と合わせて審議の上、後ほど原案とともに採決したいと存じますが、このような議事進行にご賛成の株主様は、拍手をお願いいたします。

　（株主拍手）

議長：ありがとうございます。賛成多数と認めますので、それでは原案とともに審議を続けます。ご発言のある株主様はいらっしゃいますか。

　（いったん元のシナリオに戻る）

<採決の段階>
議長：それでは株主提案であります、第○号議案「定款一部変更の件」について採決いたします。第○号議案につきましては、先ほど別の株主様から、原案の「○○」の部分を「○○」と修正する旨の動議が提出されておりますので、動議を先に採決いたします。

　動議にご賛成の方は、拍手をお願いいたします。

　（拍手少数）

議長：ありがとうございます。反対多数と認めますので、動議は否決されました。次に、第○号議案の原案を採決いたします。原案にご賛成の株主様は、拍手をお願いいたします。

　（拍手少数）

議長：ありがとうございます。反対多数と認めますので、第○号議案の原案も否決されました。

Q121　株主提案の撤回

株主は、株主提案を撤回できますか。

株主が会社に対して行った株主提案権の行使は、会社への到達とともに効力を生じるため、その後は会社の同意を得ない限り撤回することができません。

招集通知の校了前であれば、会社が株主提案の撤回に同意することにより、株主提案をなかったものと取り扱うことができます。取締役会が招集決定（法298条）を行った後に撤回に同意するときは、決定事項の変更に当たるため、改めて取締役会決議を経るべきでしょう。

招集通知の校了後・発送前であれば、株主提案が撤回された旨を記載した通知文を招集通知に封入することが考えられます。発送後であれば、そのような通知文を株主に追送するか、WEB修正を行うことが考えられます（Q8）。

さらに、総会当日に、議長から株主提案の撤回の動議を提出し、議場の同意を得て撤回することもできます。

株主提案の賛成割合が総株主の議決権の10％未満であったときは、株主は実質的に同一の議案を3年間提案することができなくなります（法303条2項。Q13）。会社としては、このメリットを狙って撤回に同意しないこともできます。

8 総会終了後

Q122　総会終了後に行うべき事項

総会終了後に行うべき事項には何がありますか。

1 取締役会・監査役会の開催

取締役会で、総会で選任された取締役の中から代表取締役を選定します。また、業務執行取締役・役付取締役を選定します。これに合わせて執行役員の人事を決めている会社もあります。また、他の会社の役員等を兼任する役員の競業取引や利益相反取引の承認（法365条、356条1項1号・2号）、役員責任賠償保険（D&O保険）を付保する同意、監査報告等を受領する特定取締役の決定（施132条4項、計130条4項）、総会で承認された報酬の範囲内での取締

役の報酬決定が議題となることもあります。

監査役会では、常勤監査役の選定を行います。監査役の就任・退任により、監査方針が変わるときは、その内容について決定します。監査役の協議により監査役報酬を定めたり（法387条2項）、会計監査報告の受領等を行う特定監査役を定める（施132条5項、計130条5項）こともあります。

2　登記手続

登記申請は本店所在地で2週間以内に行う必要があります（法915条1項）。役員の改選に伴う登記と、定款の変更に伴う登記が考えられます。

役員改選の登記については、平成27年の商業登記規則の改正により、戸籍上の氏名とともに婚姻前の氏を載せることが可能になりました（同規則81条の2）。このほか、取締役・監査役・執行役の就任登記（再任を除く）の際の添付資料に、本人確認書類（住民票写しや運転免許証のコピー等）が必要となりました（同規則61条5項）。また、代表取締役の辞任登記の際の添付資料に、辞任した代表取締役の印鑑証明書が必要となりました（同条6項）。

定款変更により登記が必要となる場合には次のようなものがあります（法911条3項、915条1項）。

・事業目的の変更

・商号の変更

・本店の移転

・公告方法の変更

・発行可能株式総数の変更

・発行する株式の内容の変更（種類株式の定め）

・単元株式数の変更

また、平成26年会社法改正により、責任限定契約を締結できる者の範囲が変わったので、それに伴う定款の変更をした会社は、その旨の変更登記を行うことが考えられます。

3　総会議事録の作成

総会議事録は、施行規則72条所定の記載事項を網羅して作成し（Q123）、総会の日から10年間本店に備置し、その写しを5年間支店に備置しなければならないとされています（法318条1項～3項）。

総会議事録は、株主および債権者等の閲覧・謄写の対象となります（法318条4項・5項）。

4 臨時報告書・有価証券報告書の提出

議決権行使結果を記載した臨時報告書を提出します（開示府令19条2項9号の2。Q112）。白書2015年版によると、提出日は総会当日が3.5％、翌日が37.9％、3日目が37.9％、4日目が10.3％となっています。

また、有価証券報告書の提出を行います。平成21年の開示府令の改正により、総会前に有価証券報告書を提出することも可能になりましたが、白書2015年版によると総会前に提出している会社は4％未満にとどまります。

なお、上場会社は決算公告を行う必要はありません。有価証券報告書を提出する必要のある会社は、決算公告の義務が免除されているためです（法440条4項）。

5 決議通知・配当金支払関係書類の発送

決議通知は会社法の義務ではありませんが、配当金支払関係書類とともに送付している会社が多数です。白書2015年版によると、74.7％の会社が決議通知を送付しています。決議通知を送付せずに、あるいは決議通知とともに、会社のウェブサイトに結果を公表する会社もあります。

このほか、「株主通信」あるいは「報告書」と題する書類を同封する会社もあります。これも会社法上の義務ではありません。内容は、招集通知の事業報告や計算書類と重複するところもありますが、グラフや写真などを用いて株主に親しみやすい内容となるよう工夫が凝らされています。

6 議決権行使書・委任状の備置

会社は総会の日から3か月間、議決権行使書および委任状を会社の本店に備え置く必要があります。これらは株主の閲覧・謄写の対象となります（法311条、310条）。電子投票の記録についても同様です（法312条）。

7 来年の総会場の手配

多くの会社では、総会が終わるとすみやかに来年の総会場の手配をしています（Q34）。白書2015年版によると、貸しホール等の予約時期について「10か月前から1年前」と回答した会社は74.8％です。新興市場から東証一部市場への指定替えが見込まれる場合や、株主優待制度を充実させる計画がある場合、投資単位の引下げを予定している場合には、株主数が急増することがあるので、それを見込んだ総会場を手配する必要があるでしょう。

Q123 議事録の作成時期、作成者、記載事項

議事録はいつ誰が作成しますか。その記載事項は何ですか。

1 作成時期

総会の議事録は、総会後すみやかに作成し、本店に 10 年間、支店に写しを 5 年間備置します。白書 2015 年版によると、総会当日に作成を完了した会社が 23.8％、翌日が 20.3％、3 日目が 16.8％、4 日目が 7.0％です。

総会のシナリオはあらかじめ決まっているので、議事録も総会に先立って事務局がドラフトしているのが実態です。総会後すぐに作成が完了する会社は、株主からの質問がなかったか、少なかった会社であると考えられます。

2 作成者

議事録には、議事録を作成した取締役を記載します。白書 2015 年版によると、議事録作成者を代表取締役社長としている会社が 62.0％で、総務担当（株式担当）取締役としている会社が 29.5％です。

会社法上、総会議事録に押印は必要ではありません。旧商法の下では出席取締役および監査役が署名または記名押印することとされていましたが、撤廃されました。取締役会議事録は、議事録に異議をとどめなかった取締役につき決議に賛成したとの推定が生ずるため、出席者の署名または記名押印が必要ですが（法 369 条 5 項）、総会議事録にはそのような特別の効力がないためです。

白書 2015 年版によれば、総会議事録に押印している会社は 62.4％ですが、資本金 500 億円以上の会社では、押印しない会社が過半数を超えます。押印している会社は、旧商法時代の実務を引き継いでいるか、定款にその旨の規定があるためと思われます。大規模な会社が押印しないのは、取締役や監査役の人数が多く、押印に時間と手間がかかるためと見られます。

3 記載事項

総会議事録には次の事項を記載します（法 318 条 1 項、施 72 条）。カッコで括っている項目は、会社法上必須ではないものの、実務慣行上一般に記載があるものです。

① 総会が開催された日時・場所

② （株主数、発行済株式総数、議決権を有する株主総数、総議決権数、出席株主数およびその有する議決権数）

③ （開会時刻）

204　第2編　株主総会の実務Q&A　第2章　総会当日の実務

④　総会の議事の経過の要領およびその結果

⑤　（閉会時刻）

⑥　監査役等の選解任・辞任や報酬について述べられた意見・発言があるときはその概要

⑦　総会に出席した取締役、執行役、会計参与、監査役または会計監査人の氏名・名称

⑧　議長の氏名

⑨　議事録作成の職務を行った取締役の氏名

　上記④の内容として、どこまで詳しく書くかは各社によってかなりの差異があります。白書2015年版によると、株主からの質問と回答（要旨を含む）を記載した会社が40.3％、質問事項のみを記載した会社が21.9％、質問があったが記載しなかった会社が5.3％です。なお、質問がなかったので記載しなかった会社が26.1％です。

　事前質問に対する一括回答を行った場合には、そのことについても記載することが望ましいといえます。また、動議は、必要的動議は記載することが望ましいといえますが、不規則発言に近い裁量的動議は記載しなくてもかまわないと考えられます。

　上記⑥は、監査役や会計監査人の独立性を保障すべく、会社法が、選解任・辞任・報酬について監査役らが意見を述べることができるとしていること（法342条の2、345条、387条3項）をふまえ、そのような意見があったときは、議事録にとどめるよう求めるものです。実務ではこのような意見が述べられることはまれでしょう。

　総会議事録に賛成・反対の議決権数を記載することは必須ではありません。白書2015年版によると、記載しない会社が83.0％と圧倒的多数を占めています。

Q124　株主懇談会

　株主懇談会を開催するメリットは何ですか。どのくらいの会社が開催していますか。

　株主懇談会は、株主とのコミュニケーションの場として活用されています。株主懇談会を開催するメリットは、商品展示やパーティを通じ、会社のことを株主により身近に感じてもらうことで、会社の「ファン」を増やす機会となる

ことが挙げられます。総会では、会社法所定の目的事項が決まっていますから、株主は座ったままで議長や出席役員や前方スクリーンを見るという「型」がどうしても決まっています。しかし株主懇談会にはそれがありません。工場見学会や実演を行っている会社もあります。取引先株主が多い場合は、事実上取引先との情報交換の機会となりえます。また、質疑を受け付ける場合には、株主としては「総会ではなくその後の株主懇談会で質問をすればよい」との動機が働きうるため、結果として総会が円滑に進むことがあります。

一方で、株主懇談会の開催には費用がかかることから、その開催が費用対効果の面で適切であるかを検討する必要もあります。

白書2015年版によると、総会後に株主懇談会を開催している会社は17.0％です。その内容は、立食パーティが36.6％、自社商品展示が29.0％、質疑応答が36.6％、経営報告が34.1％となっています。

編者・著者紹介

【編者】

阿部・井窪・片山法律事務所

　　国内外のメーカー、金融機関、流通業、建設業、サービス業等の企業法務を扱う
法律事務所。弁護士、弁理士およびスタッフあわせて 120 名を超える体制でさまざ
まな分野の法的ニーズに対応している。訴訟案件、倒産・事業再生案件、知的財産法、
コンプライアンスをはじめ、渉外法務、M & A、金融法、独禁法、不動産法、薬事・
医療関係法等の専門分野を有している。

　　〒 104-0028　東京都中央区八重洲二丁目 8 番 7 号　福岡ビル

　　電話番号：03-3273-2600　FAX 番号：03-3273-2033

【著者】

飯田　岳（いいだ　がく）

　　2000 年　早稲田大学法学部卒業

　　2002 年　弁護士登録

本多広和（ほんだ　ひろかず）

　　1995 年　東京大学法学部卒業

　　1997 年　弁護士登録

　　2003 年　米国カリフォルニア大学デービス校卒業

　　2004 年　米国ニューヨーク州弁護士登録

原田崇史（はらだ　たかふみ）

　　1994 年　慶應義塾大学法学部法律学科卒業

　　1996 年　慶應義塾大学大学院法学研究科修士課程修了

　　2000 年　弁護士登録

須崎利泰（すざき　としやす）

　　1999 年　東京大学法学部卒業

　　2002 年　弁護士登録

コンパクト解説会社法 1
株主総会

2016年 2 月20日　初版第 1 刷発行

編　　　者　　阿部・井窪・片山法律事務所

発 行 者　　塚 原 秀 夫

発 行 所　　株式会社 商 事 法 務
〒103-0025 東京都中央区日本橋茅場町 3-9-10
TEL 03-5614-5643・FAX 03-3664-8844〔営業部〕
TEL 03-5614-5649〔書籍出版部〕
http://www.shojihomu.co.jp/

落丁・乱丁本はお取り替えいたします。　　　印刷／広研印刷㈱
© 2016 阿部・井窪・片山法律事務所　　Printed in Japan
Shojihomu Co., Ltd.
ISBN978-4-7857-2384-2
＊定価はカバーに表示してあります。